＼小学校教師のための／

気になる子の保護者対応

七木田 敦・真鍋 健／著

Gakken

「もっと早く知っておけばよかった！」
「どうして大学で教えてくれなかったのだろう……」
　これは、我々が本書を執筆するに当たって話を聞いた、若手教師たちのいつわらざる嘆息である。
　昨今、子どもの指導については実地研修の機会も多く、大学の教員養成カリキュラムでも、以前よりは実践をベースとした授業が多く用意されるようになった。しかし、前述の発言のように、新人教師は「何が起こるかわからない、見通しがもてない保護者対応」に不安を感じているのだという。
　職に一度就いてしまうと、ほかの教師がどう対応しているかをじかに知る機会もない。かつては、そういう経験談を話してくれた先輩教師や、自分の失敗談を例に諭してくれた管理職もいただろう。しかし、中堅の割合が低くなった現在の学校には、そのような同僚性は少なくなってしまった。また、子どもは少なくなっているにもかかわらず、教師の多忙感はいっそう増しており、時間を取って相談に乗ってくれる先輩教師も皆無に等しいだろう。
　教師と児童生徒、その保護者との関係の構築について、過去には「保護者指導」と称した時代もあった。最近は、「保護者支援」に変わり、本書では、一歩推し進めて「保護者連携」というスタンスに立っている。

というのも、「指導」「支援」という言葉がもつ「上から目線」のニュアンスが相互の関係を危うくするからである。
　だからといって「保護者連携」とは、保護者とお友だち関係になることを説きすすめるものではない。そうではなくて、「教師として」「親として」同じ目線で子どもの成長を見守ることの大切さを強調したいのである。
　本書は、配慮の必要な子、発達に課題がある子など「気になる子」への対応に不安を抱えている通常学級の担任や、特別支援教育の知識がまだあまりないという教師、そして保護者にどのような配慮や工夫をして対応していけばよいか手探り状態になっている教師に向けて、保護者対応の悩みが少しでも解決に向かい、保護者連携ができるようになればと思い執筆した。
　この本を読むことで、「どのような場面でどんな配慮や準備が必要になるのか」「トラブルが起きてしまったとき、どのように対応すればよいのか」がわかり、そして「どうすれば必要な配慮がわからないまま対応してしまうことがなくなるのか」を、よくわかっていただけるものと確信している。

2019年3月　七木田 敦

目次

はじめに 2

第1章 日常的な対応のきほん 7

1 保護者の心をつかむ
関係づくり 8

2 信頼される教師に欠かせない
常識とマナー 12

3 先手必勝の自己紹介ツール
学級通信 14

4 顔が見えないからこそ気をつけたい
電話対応① 18

5 適切な配慮が求められる
電話対応② 22

6 限られた時間で思いをつづる
連絡帳① 26

7 こんなときには配慮が不可欠
連絡帳② 32

保護者カウンセリングのためのキーワード 36

第2章 学校行事で欠かせない配慮 37

1 先を見通しておきたい
保護者連携の1年間 38

2 人間関係がスタートする4月
保護者会 40

4

3	新生活が落ち着き始める5月 家庭訪問	46
4	環境変化に不安になりがちなGW明け 個人面談	50
5	生活リズムが崩れがちな7月 夏休み前	54
6	子どもの変化に気をつけたい9月 夏休み明け	60
7	学校行事で慌ただしくなる10月 宿泊学習	66
8	子どもや保護者との関係が落ち着いてくる11月 授業参観	70
9	子どもたちの成長を伝えたい12月 学習発表会	76

連携して支援していくためのキーワード ……… 80

第3章 困ったときのケース別対応 …… 81

Q1	問題が大きくなりがちな 保護者同士のトラブル	82
Q2	伝え方に配慮したい 子ども同士のトラブル	86
Q3	ケースに応じて対応を考えたい 学校での持ち物の紛失	90
Q4	保護者連携が欠かせない 登校しぶりへの対応	94
Q5	慎重に迅速に対応したい いじめ問題	98
Q6	結果ばかり気にされがちな 成績評価方法の説明	102
Q7	家庭でフォローしきれない！ 宿題へのサポート	106

Q8	さまざまな事情に配慮したい 保護者への対応に困ったとき	110
Q9	一人ひとりに合わせて考えよう 気になる保護者への対応	114
Q10	知識が豊富な保護者と向き合う 意見を押しつけられたとき	118
Q11	一人で抱え込まないで！ 支援が適切でないと思われたとき	122
Q12	みんなが納得する道を探りたい 保護者と管理職との板ばさみになったとき	126
Q13	日ごろの信頼関係がカギとなる 支援の必要性を保護者に伝えたいとき	130
Q14	用意周到に進めたい 障害について周りに伝えるとき	134
Q15	新担任への配慮も大切 支援を次年度へ引き継ぐとき	138
Q16	子どもにとって最善の選択をしたい 措置替えを希望されたとき	144
Q17	本当に必要な支援を考える 保護者との障害認識に差があるとき	148
Q18	進級・進学後の支援を考える 措置替え後うまくいっていないとき	152
Q19	ピンチにもチャンスにもなり得る 保護者主催の懇親会に誘われたとき	156

特別支援教育のキーワード ……………………………… 159

第1章

日常的な対応の きほん

　学校の日常生活の中で、保護者への対応が求められることもあるだろう。
どのように対応していくかがその後の信頼関係をよくも悪くも左右する。
基本と心構えをおさえて、子どもをともに支えるパートナーを目指したい。

1 保護者の心をつかむ
関係づくり

　配慮が必要な子どもの保護者もまた、対応に配慮が必要となることが少なくない。ときには、センシティブな話もしなくてはならないかもしれない。支援ではなく、「保護者連携」というスタンスで教師の役割を考えてみよう。

「困った保護者」は「困っている保護者」

　筆者は小・中学校の巡回相談を行っているが、その際、対象の児童生徒のことだけでなく、家庭の状況にまで話が及ぶことが少なくない。「子どもの現状をまったくわかっていない」「保護者さえ変わってくれたら……」「まったくこちらの話を聞き入れてくれない」などと漏らす教師や、口には出さないけれど「本当に、困った保護者……」と言いたげな表情をしている教師もいる。
　児童生徒の個々の状況は異なるのに、一様に「困った保護者」という共通のレッテルが貼られるのはなぜか。確かに教師を困らせる保護者なのだろう。しかしいつまでも文句を言っていては、解決方法は見いだせない。

ではどうするか。「困った保護者」は「困っている保護者」なのである。困っている保護者を助けるためには関係づくりを目指すこと、これこそが解決方法なのである。少なくとも「保護者さえ変わってくれたら……」と嘆息で保護者を追い詰めるような悪循環に陥らないために、関係づくりの基本を考えてみよう。

保護者の中からキーパーソンを特定する

　辞書によれば、「保護者とは特定の個人に対して、個別の法律に基づいて、保護を行う義務がある者」とされる。そこで我々は、ごくごく単純に「教師⇔子ども⇔保護者」という三角形の関係を連想してしまう。

　保護者といえば、つい母親一人を想定し、連携する際にも母親との関係を考えてしまう。しかし、子どもを養育する機能とは、母親と父親、あるいはきょうだい、それ以外の人との相互補完的な関係のもとになされている。

　つまり保護者とは、「子どもを取り巻く大人の人間関係」が反映されているものと考えなければならない。例えば、子どもの学習の話になると、母親が決定権を握り、しつけや子ども間のもめ事になると父親が出てくる。ところが進学については、祖父母が急に出てくる。こういう例は、めずらしいことではなく、どこの家庭でもよくあることであろう。

　通常学級での学習に苦戦していた、小学２年生のある児童の話をしよう。担任は専門機関の支援を受けることを母親に提案してきたが、受け入れてはもらえなかった。ところがある日、母親は手のひらを返したように、「○○療育センターの予約を取りました」と担任に話してきた。聞けば、毎日、泣きながら母親と一緒に宿題をやっていた我が子を見て、「こりゃ、いかん。ちゃんと見てもらえ」との父親の鶴の一声。祖母が父親に「あんたも小さいころは泣きながら宿題やってたよ」と言ったら、父親は「とてもつらかった。もっとゆっくりと専門家に教えてもらいたかった」と小さい声でつぶやいたという。

　「家庭を構成する人間関係を知ること」「子どもの課題を解決するうえでのキーパーソンを保護者の中から特定すること」。まずはこの作業から始めよう。

Point　子どもの思いはどこにあるのかを探る

　子どもの思いをくみ取れない場合、保護者は子どもに登校しぶりや身体的不調が出て初めて、その深刻さに気づくことが少なくない。子どもの真の意図というものは図りがたいが、なによりも子ども本人の思いに常に寄り添うという姿勢が求められる。

　例えば進級に際し、児童自身は「特別支援学級での個別な対応でわかりやすい指導がうれしい」と思っているにもかかわらず、一方的な思い込みで、「本人は通常学級での指導を望んでいる」と強弁する保護者がいる。また逆に、子どもは十分、通常学級でやっていける学力が身についたにもかかわらず、「通常学級に行ったら、いじめにあってしまう」と言って、かたくなに通常学級に戻ることを拒む保護者もいる。

　子どもの思いはどこにあるのか。教師は、教育現場において一番身近でそれを判断できるところにいる。そして、どうして保護者が子どもの願いに沿わない行動を取ろうとするのか、落ち着いて考え、見極めなくてはならない。

　互いの考え方の違いを、やりとりを重ねるなかで明らかにし、かみ合う部分を探すことから始めよう。そのためには相互に確認できる「客観性」が必要になる。学習ノートや宿題の出来具合など、保護者と一緒に点検してみよう。保護者も、家での様子と学校での様子の違いに気がつくことがあるかもしれない。そのあとで、現在の学校での取り組みを伝え、今後の現実的な対応策を伝えるよう努める。

 Point　保護者が子どもを支えていることを理解する

　子どもの実態について「知らない」「知ろうとしない」という保護者に、事実を面前に突きつけるというようなやり方はまったく望ましくない。だからといって、「すぐに怒って、ほかの児童に手をあげる」「意に介さないことがあるとプイッと教室を出る」という事実を、「元気のある意志の強い子」などと、脚色して伝えることはもっとよくない。

教師に求められるのは、改善が必要であると考えている課題は、必ず伝えるという見識ある態度である。

　子どもの実態を受け入れようとせず、専門機関にかかることを拒む保護者には、担任が「学校でやっている支援や工夫は、これでいいのか専門家に確認をしたいので」というひと言を付け加えることをオススメする。これで保護者がちょっと背中を押され、前向きになれることもある。「学校の支援や工夫」ということに重きが置かれることで、保護者が抱く「何か深刻なことが起こるかもしれない」という不安は軽減される。

　ただ、そういう言葉が功を奏するためには、日ごろから保護者を納得させるような工夫が必要であり、また、そこから信頼を獲得していくような綿密な関係というものがあればこそ、である。

　なによりも課題のある児童に対する教師の受容的な態度は、ほかの児童やその保護者からの対象児童に対するポジティブな理解につながる。またその理解を感じられれば、対象児童の保護者は、「教師と気持ちが通じているし、ほかの保護者からも受け入れられている」という気持ちになれる。

　教師を「困らせる保護者」は、実は「困っている保護者」。話し合いの中で、かみ合う部分を探そう。

2 信頼される教師に欠かせない
常識とマナー

　新年度になり、気分一新。新たな人間関係がスタートする。保護者との関係づくりは、最初が肝心。信頼される教師の基本をおさえたい。

Q 保護者からの信頼が得られるか不安です

　私は教職について5年目ですが、4月から念願かなって特別支援学級の担任になることが決まり、ワクワクしています。ところが、前担任によると、担任交代に当たり、保護者から「次の先生の経験年数は？」「特別支援教育の経験がなくても大丈夫なのか？」などと聞かれたそうです。特別支援学級での経験の長い前担任からは、徐々に信頼関係をつくっていけばいいとのアドバイスを受けました。しかし、会う前からすでに自分に不信感をもっている様子の保護者と、4月からどのように関わっていけばいいのか不安になってきました。

第一印象が肝心!「先手必勝」で対応しよう

　教師としての資質、専門性を気にする保護者が増えている。ある教師は、最初の保護者面談で「担任を交代してください」と言われ、目の前が真っ暗になったという。何事も最初が肝心である。早めの修正は可能でも、のちのちの大修正は難しい。相手の対応を見る前に、こちらから積極的にアプローチすることを心がけよう。初めてあなたに会う保護者が、どんなところを見てあなたを判断するのか確認しよう。

 TPOに合わせて服装を選ぶ

　「教師は出勤から退勤までずっとジャージでだらしない」と、ジャージを着た保護者に批判されたというエピソードがある。こういう理不尽がまかりとおっているのである。だからといって、いつも正装というわけにはいかない。
　大切なのは、TPOに合わせてあなたが服装を考えていることが相手に伝わるかどうかであり、保護者はそういうあなたの身だしなみをしっかりチェックしている。

 聞かれて恥ずかしくない「言葉づかい」を心がける

　「やばい」「ださい」「うっそー」「まじ」「ちょー」「うるせえ」「あほか」……。子どもとの親密な関係をつくろうとして発した教師の言葉。口にしているうちに、教室の日常的な言葉となり、じきに家庭にももち込まれる。そうやって、教室の言葉に保護者は気がつく。まずは丁寧な「あいさつ」から心がけたい。

あ・い・さ・つの基本

- あ 「相手」を見て
- い 「いつでも」丁寧に
- さ 自分から「先に」
- つ 「続ける」ことが大切

3 先手必勝の自己紹介ツール
学級通信

　4月は特に、家に帰ってから、保護者に新しい担任の話をする子どもも多い。しかし、教師からも自分を保護者に知ってもらう最初のアプローチとして、学級通信で自己紹介をしてみてはいかがだろう。

学級通信での自己紹介で自分を保護者に知ってもらう

　「家庭訪問や保護者会で直接会うし、必要ない」と思う教師もいるかもしれない。しかし、担任になった直後、いやその前から、すでに保護者は教師への「勝手なイメージづけ」を始めている。しかも、その情報源の多くは、「まだ表現がつたない子どもの話」や「保護者同士のうわさ話」である。不確かな情報から思わぬイメージがつけられると、保護者がもともともっていた不安や不信感がさらに助長されてしまう。

　イメージづけをされてしまう前に、自分の「人となり」を伝えてしまおう。4月の学級通信こそ、あなたを知ってもらうのにうってつけのツールなのである。

Point 保護者の立場に立ってメッセージを考える

　まずは保護者が、我が子の魅力を引き出してくれそうだと感じるメッセージを送ろう。多くの場合、保護者は担任の先生の、我が子にメリットのある魅力を知りたいと思っている。「○○が得意なんだ。じゃあ、うちの子の○○なところを引き出してくれるかも」「この先生だったら、○○なうちの子も過ごしやすいクラスになるかな」などと自分の子どもと先生との関係性をリアルに想像したいのである。

　ただし、喚起されるのは、ポジティブなものだけではない。「『みんな元気いっぱいの明るいクラス』って書いてあるけど、うちの子は普段から口数も少ないし、大丈夫かな」ということもありうる。

　クラスを一つにまとめることは担任の先生のなせる業であるが、やはり一人ひとりの違いやよさを大切にしているという視点があると、個性が目立ちやすい子どもの保護者はホッとする。

　また、いくら保護者が経験年数や専門性などを気にしていたとしても、まずは自分が保護者の価値観を壊すわけではなく、「一緒に子どもを守りたいと思っている味方だ」と認識してもらう必要がある。そうでなければ、聞く耳をもってもらえないからである。そこで、最初の学級通信に「保護者の方へのあいさつ（自己紹介）」を書き入れるのはどうであろうか。

> 「保護者のみなさまへ　○年○組の学級担任をさせていただくことになりました○○と申します。みなさまの大切なお子さんをお預かりします。気になることなどありましたら、いつでもご連絡ください。この１年間、全力で頑張って参りますので、よろしくお願いいたします。」

　この文言があるだけで、保護者はあなたの誠意を感じ取ることができるはずである。

Point　まずは基本の3点を伝える

　学級通信で自己紹介するといっても、どこまで自己開示するかに迷うこともあるだろう。基本的に入れるべき情報は次の3点。あたたかい言葉で伝えよう。

> ①学級通信のタイトル　②自分の好みや長所　③学級経営の方針

　その際、自分の年齢と保護者の世代、管理職の意見（学校の方針）も考慮に入れながら話題を選ぶようにする。また、保護者の印象に残り、子どもにも理解できるように、なるべく簡潔に伝えることを心がけたい。

Point　保護者を「読者」にする見出しをつける

　4月以降も保護者とあなたをつなぎ続けるポイントは、「教師が伝えたいことよりも、保護者が知りたいこと」を伝えることである。そのためにはまず、「見出しを見て、続きを読んでもらえる工夫」が必要である。
　例えば「正しい生活リズムを身につける」ということを書きたい場合、どうするか。保護者は、子どもの生活リズムをしっかりさせたほうがよいことは、重々知っている。それをあえて学級通信に書くと、「説教臭い」「親まで教育するつもりか」と思う方もいるに違いない。
　保護者が知りたいことに視点をおけば、「早寝、早起きをしよう」「朝ごはんの大切さについて」より、「脳を活性化する朝ごはん」や「朝から頭スッキリ！　よい睡眠のための工夫」のほうがベターであるのは一目瞭然である。たかが学級通信とあなどるなかれ。保護者の知りたい情報を提供するというあなたの誠実な姿勢は、いずれ保護者の心に届くはずである。
　あなたの「手まめ」「口まめ」「筆まめ」が保護者をつなぐ命綱。4月に新たな保護者関係を築くには、先手必勝！　まずは、「学級通信での自己紹介」で心をつかもう！

▼ ポイントをおさえた学級通信

第1章 日常的な対応のきほん

ひかり小学校1年3組学級新聞　　2019年4月11日

きらり

ポイント❶　タイトル
短い言葉だが、子ども観や学級観などが透けて見えることも。

　今年から、1年3組を担当させていただくことになりまし〔た〕。一人ひとりのもっている力を引き出し、輝かせていくことができるように、子どもたちと向き合っていきたいと思っています。お気づきのことがありましたら、いつでもご連絡ください。保護者のみなさま、どうぞよろしくお〔願いします〕。

| 自己紹介 | ★★★★★★★★★

☆**出身**……………23年間ずっと○〔○〕
☆**教員歴**…………この学校が初め〔て〕
　　　　　　　　（大学では○○を専攻）
☆**好きな食べ物**…トマト
☆**好きなこと**……サッカーひとすじ15年です。
☆**苦手**……………強風、傘がひっくり返ることが苦手です。

ポイント❷　好みや長所など
家庭での親子の会話に発展することも。1年生の場合には、ひらがな表記も考えよう。

| 大切にしたいこと | ★★★★★★★★★

①人に伝えたい、人と通じ合いたいという思いを大切に〔したい〕
②静かな時間、にぎやかな時間のメリハリをつけること

ポイント❸　学級経営の方針など
保護者と担任の関係の延長線上に保護者と学校の関係もある。学校の方針も確認したい。

【準備物について】
　①…
　②…
　③…

【4月の予定】
　18日…
　22日…
　26日…

4 顔が見えないからこそ気をつけたい
電話対応①

　学校でトラブルなどがあり子どもがイライラしていると、あわせて保護者もイライラしがちである。そのようなときどう対応すればよいのか、教師にとっては悩ましい。保護者へ電話で連絡する際に配慮すべきことを確認しよう。

Q　子どもの学校での様子を電話でうまく伝えたいです

　ADHDと診断されている小学3年生の通常学級在籍のAくんは、急に大きな声をあげたり、教室から出ようとしたりします。ささいなことで、友だちや教師に当たる姿も目につきます。
　実は、クラスにはもう一人、似たような特性のあるBくんがいます。Aくんのイライラはすぐにbくんに伝染し、騒ぎ出すとクラス全体が落ち着かなくなります。先週の授業参観の様子を見たある保護者から、「自分の子が集中して学習できないので、あの二人をなんとかしてほしい」と言われてしまいました。電話で保護者にうまく伝えるにはどうしたらよいでしょうか。

うまく伝わる電話連絡のポイントをおさえよう！

　電話ではお互いの顔が見えず、相手の反応がわかりにくいため、対応のしかたによっては誤解が生じる場合もある。例えば今回のケースでは、その後、Aくんが同じクラスのCさんをたたいてしまった。その事態をAくんの家へ電話して伝えたところ、話を聞いた保護者が「うちの子がそんなことするわけがない」「証拠を出してくれ」「担任なんだし見ていただろう」と、大声で感情的になり、一方的に電話を切ったという。
　このように問題をこじらせないためにも、次のポイントをおさえておこう。

 簡単なシナリオを作る

　Aくんの例のように事実をそのまま伝えても、保護者の感情が爆発してしまう場合もある。どのような反応をされても落ち着いて対応できるように、こちらから保護者に電話をする際には、以下のようにシナリオを作ってみてはいかがだろうか。

①あいさつ
②伝えたいことをコンパクトに言う。「○○くんの○○（友だち関係、授業中の様子など）についてお話があります」
③詳しい話はできるだけ会って話をしたいという意思を伝える
④即答できない質問には、折り返し返答する

 話し終わるまで口を挟まない

　問題がこじれ、保護者が矢継ぎ早にいろいろなことを言ってくる場合は「傾聴」しよう。反論や否定をせずに、相手の思いを受け止める。これは相手の言ってい

ることを肯定するという意味ではない。「相手が何を言いたいのか」「どうしてこういうことを言っているのか」と本意を探る必要がある。

ほとんどのクレームは20分以内に終わるという。時計をにらみながら、話を聞こう。

Point 椅子に座り、落ち着いて話をする

大事な話をするときこそ、リラックスすることが必要だ。人は立って話すと、声のトーンも違って緊張が入ってしまう。これが相手に伝わると、やりとりがうまくいかないこともある。電話で、立って話すほどかしこまる必要はない。椅子に座って落ち着いて話すことが肝要である。

電話のかけ方

❶ かける前に話す内容を準備する
話す内容の整理をしておこう。シナリオや必要な書類は手もとに置いておく。

❷ 相手がでたら明るい声であいさつをする
「おはようございます」「いつもお世話になっております」

❸ 用件を予告してから話す
最初に「○○について、3つ用件がございます」と伝える用件の数を予告しておこう。保護者が気持ちの準備ができる。

❹ 終わりのあいさつをして、相手が切るのを待ってから受話器を置く
「どうもありがとうございました」「どうぞよろしくお願いいたします」などと述べ、電話を切る。電話を切る際には、相手が切るのを待って受話器を静かに置く。

電話の受け方

❶ 呼出音が鳴ったらすぐ出る
3回以上呼出音が鳴ったときは「お待たせいたしました」を付け加える。

❷ 気持ちよくあいさつをし、所属と名前を述べる
「いつもお世話になっております。○○小学校○年○組担任の○○です」

❸ 先方の名前を確認する
「○年○組の○○様（○○くんの保護者の方）でございますね」と確認をする。相手が名乗らないときは「失礼ですが、お名前をおうかがいしてもよろしいでしょうか」と聞く。

❹ 電話でやりとりをする
自分宛ての電話の場合「本日はどのようなご用件ですか」と切り出す。保護者の気持ちが高ぶっていても、「メモを取りますので少々お待ちください」と伝え、落ち着いて対応する。

保護者の話を傾聴する	保護者の主張を確認する
適宜相づちを打ち、保護者が話している途中で口を挟まずに聞く。	保護者が何を要求しているのかをとらえるために、相手の言葉を繰り返してメモを取る。
困ったら一度時間をもらう	**突き放すような言葉は使わない**
わからないことは即答せず、確認してからあらためて連絡すると伝える。	保護者を批判する言葉や対応を拒否する言葉は使わない。

❺ 終わりのあいさつをして、相手が切るのを待ってから受話器を置く
「ご連絡いただきありがとうございました」「失礼いたします」は忘れずに言う。

❻ 管理職、学年主任などへの迅速な報告
一人で問題を抱え込まず、直ちに学年主任などに連絡する。その後、自校の報告ルートに合わせて報告する。

5 適切な配慮が求められる
電話対応②

　ピリピリとした雰囲気のときには言葉に対しても神経をとがらせているため、いつも以上に話し方には注意する必要がある。保護者との信頼関係を失わないために、「言ってはいけない」NGフレーズを確認したい。

「言ってはいけない」NGフレーズ①
「もっと……していたら、よかったのに」

　発達障害のある児童の保護者は、子どもの行動に対して、それまでに教師が思うより多くの工夫をしてきている。「もっと……していたら」と、保護者本人が一番、思っているのである。それを教師から追い打ちをかけるように言われては、さらに落ち込む。
　常に反省モードでいることは、疲れる。達成できないことがあれば、気持ちも沈みがちになる。終わってしまった事態について後悔を生じさせるのではなく、「今度こういうことが起こったら、○○してみましょう」と、保護者が前向きになれるようなフレーズで伝えよう。

「言ってはいけない」NGフレーズ②
「……は、よいのですが」

　誰にでもよい面と悪い面がある。よいところを見つけてそれを伝えるのは大切なことである。しかし、「……は、よいのですが」というのは、裏を返せば、「そのほかのことは問題だらけですよ」と、言っているようなものであろう。

　保護者との連携の中で、「改善が必要だと考えている課題は、必ず伝える」のが見識ある態度であるが、「集中できず授業を中断させる」といった、抽象的で子どもを批判しているようにも受け取れるような伝え方は避けたい。「算数で2桁のたし算を学習するとき、私がそばに行って一つずつ確認をすると解くことができ、しっかりと席に座っていられます。ただ、困ったときに教師の個別の支援がないと集中し続けるのが難しいことがあります」というように、具体的に伝えることで保護者も状況がイメージしやすくなる。また、そうすることで、保護者に不必要な不安を与えないですむとともに、家庭で宿題などを進めてもらうときの手がかりも与えられる。

　さらに「現在の取り組みを伝え、今後の現実的な対応策を伝えるよう努める」ことが望ましい。具体的に保護者に提示できるような取り組みがなされていないと、連携がとれないのはいうまでもないだろう。

　教師が児童を巡る人間関係について、子細に説明することにもよしあしがある。自分の子ども以外には無関心で、「問題のある子」としか見ていないような保護者もおり、その発言を事実は事実だからと「○○くんの保護者から苦情がある」とそのまま伝えてしまうと、保護者同士がぶつかってしまうような事態が起こる。小さなイザコザがクラス全体を巻き込むこともあり、これは絶対に避けたい状況である。

　とはいえ、けがをさせられてしまった子どもの保護者に「○○くんに悪気はない」「○○くんもよい子だから」などと、けがをさせた子どものことを伝えるのも、場合によっては逆効果になる。「我が子を傷つけられた」ことに心を痛める気持ちに寄り添う姿勢を心がけよう。あわせて、保護者に自身の育て方を非難されていると受け止められないように配慮したい。

親の認知のしかたに応じた伝え方を考えよう

　目で見たほうが理解できる子や耳で聞いたほうが理解できる子など、子どもによって認知のしかたはさまざまである。これは、保護者にもいえることであり、物の見え方、感じ方、受け止め方にはかなりの個人差がある。

　ある夫婦が外出のため、車のナビを操作しようとして、地図を「常に北向き」にしたい夫と「常に進行方向上向き」にしたい妻との間で口論になったという話を聞いた。なぜ口論になるのか。「このやり方（情報処理のしかた）じゃないと、私はしっくりこない」という、双方の認知のしかたにギャップがあり、自分が正しいと信じ込んで譲らないということであろう。このような認知のしかたの違いによる衝突は、私たちも日常的に経験しているだろう。

　ただし、これが担任と保護者との間で起こってしまうとやっかいな事態になる。特に相手の表情が見えない電話越しだと誤解される場合が少なくない。また、「担任の情報提示」と「保護者の受け止め」との間に食い違いがあることに気づくのが遅れてしまうこともある。

　日ごろの様子ややりとりをした際の感触などから、親の認知のしかたの傾向を読み取るようにしたい。そうすることで「あの保護者にはこうしたほうがいいかな」という先回りの気づかいができ、双方の距離感も変わってくるかもしれない。話をする際に、「今からたくさん伝えても大丈夫ですか」「時間をあらためたほうがいいですか」など、ほんの少しの「間」と余裕があると、保護者も安心できる。

　電話にはすぐに話せるメリットがあるが、深い話には不向きだと心得ておきたい。できれば対面で話を聞くことで、保護者の特性を読み取りながら、丁寧に話を進めたい。

電話連絡のポイント
① 簡単なシナリオを作る
② 話し終わるまで口を挟まない
③ 椅子に座り、落ち着いて話をする

電話連絡の特徴
- 顔を合わせる必要がない
  （表情が見えないというリスクも）
- 音声・言語情報が100％
- 受ける側にとっては、突然な連絡になりがち

保護者への配慮を考える

ステップ 1
保護者とのやりとりから気づいたことを考える

- 聞いたことの節々が抜ける
- メモ取りに集中しすぎて、話についていけない

→

- 一貫性のない内容が極端に気になってしまう
- 話が止まらない

→

- イメージが難しい／独特
- 同じ話題を共有していても思い浮かべているイメージがずれていることがある

→

- 話が止まらない
- 話があちこち飛んでしまう

→

ステップ 2
気づいたことから保護者の認知のしかたを予測する

- 聴覚的な短期記憶が苦手？

→

- 過度な具体的思考の傾向あり？

→

- イメージ共有が困難？

→

- 多動や不注意の傾向あり？

→

ステップ 3
保護者に対する配慮を検討する

- メモを取るよう促し、書く時間も保障する
- 話の内容を先に提示する

- 話をはしょらない。かつ、深追いしすぎない
- 普段以上に話のストーリーや整合性を確認しておく

- 時折、捉え方を確認する
- 機械（手続き）的な伝え方をする

- 話をはしょらない
- 保護者の訴えを担任が要約し、再構成する

例

- 学級通信などで持ち物の持参を促しても、ほとんど忘れてしまう
- 対面でも電話でもいつも早口でしゃべる。脈絡なく話題が飛びやすい

→

- あまりたくさんのことを覚えていられない？
- 記憶することが苦手？

→

①教師が伝える際の配慮
- 日常で要望を伝える際には話の内容の要点を先に伝え、メモを取ってもらう時間も考えながら話す
- 「○○は特にお願いします」など優先順位も伝える

②教師が聞く際の配慮
- 「ほかに大事に思われていることはなかったでしょうか？」などと声をかける
- 保護者が話した内容を整理しながら話を進める

第1章 日常的な対応のきほん

6 限られた時間で思いをつづる
連絡帳①

　小学校の連絡帳は教師にとって「必ず、毎日書く」が前提ではないかもしれない。しかし、保護者と顔を合わせる機会が少ないからこそ、その接点となる連絡帳の扱いには気をつけたい。

Q 連絡帳で保護者への返事の書き方がわかりません

　採用1年目の小学1年生の担任です。離席する子どもも多く、授業準備もしっかりしないといけませんが、子どもたちと充実した毎日を過ごしています。ただ、連絡帳を書くことだけはいつまでたっても全く慣れません。
　基本的に保護者と連絡帳を使ったやりとりをするのは欠席連絡をするときくらいなのですが、毎日ぎっしりと書いてくる保護者もおり、返事に悩みます。先輩教師に聞いてみても、先生によって意見もまちまちでした。書き方を大学時代に習ってもいませんし、何が正しくて、何が間違っているのかもわかりません。書く内容を考えるのにもかなりの時間をとられ、苦痛です。

連絡帳の意義を確認しよう

　大学で連絡帳の書き方を教えてもらったという教師はいるだろうか？　おそらく多くの教師は連絡帳に悩みを抱えている。ただ、悩んでいるのは教師だけではない。連絡帳の書き方をめぐっては保護者も「どれだけ書けばいいのか」「先生からはハンコのみ。読んでもらっているのだろうか」と、不満や悩みをもっている。また、事例のような１年生の段階では、幼稚園・保育所と小学校の連絡帳の扱いの違いに戸惑うことも少なくない。

　連絡帳は電話と同様に、日常での貴重なやりとりの機会である。そんなせっかくの機会でのすれ違いを防ぐためにも、まずは原点回帰。なぜ学校で連絡帳が必要なのかを考えたい。

 子どもの学校生活を支える

　連絡帳の利用方法のNo.1 は、おそらく「明日、今週使う物のお知らせ」、No.2は「欠席の連絡・報告など」である。前者については多くの場合、子どもたちが自分で記入しているし、後者も年間にそう多くはないかもしれない。

　ただ、どちらも、「毎日の授業に出席・参加する」ために必要なこと、つまりは、学校生活の最も重要な土台の部分である。もちろん、これをないがしろにはできない。

 見えない子どもの姿を共有する

　配慮が必要な子どもは、学校でトラブルや困った事態に陥ることが多い。それに加えて「今日は学校、楽しかった？」という保護者からの問いかけに、うまく答えられない児童もいる。保護者が学校に足を踏み入れる機会の少ない小学校では、教師がいくら「大丈夫ですよ」と声をかけても、その姿が思い浮かばず、ますます不安を募らせていることも少なくない。連絡帳にぎっしり書いてくる保護

者の中には、情報が入らず不安なためにそうなってしまっている方もいることを理解したい。

　特別支援学級では日々の子どもの姿について、連絡帳を介して教師と保護者の間で密に連絡を取り合うことも多い。通常学級では毎日は難しいかもしれないが、対面・連絡帳・電話のバランスを考えながら、そうした保護者の気持ちに寄り添えると、関係構築が一歩進む。

大きなトラブルになる前の「防波堤！?」

　学校での我が子の姿が見えない、わからないという状況は、子どもに関する小さな不安や思い込みを、大きな不満へと助長させるリスクとなる。不満がたまりにたまった時点で、対面ないし電話などの機会に爆発することもある。

　そうなっては関係回復も難しい。ただ、保護者の中には、そこに行きつく過程で、連絡帳を使ってそれとなく「最近うちの子どうですか」と小さな問いかけを行っていることも少なくない。大事になる前の防波堤としての役割も検討したい。

連絡帳で「伝える」際のポイント

連絡帳という表情の見えないやりとりのなかで、保護者に誤解を与えず、安心してもらえるメッセージを送るためのポイントを確認しよう。

 時間がなくても「丁寧さ」への意識は忘れずに

「丁寧さ」といっても、字のきれいさや内容、その後の対応などさまざまである。きれいに書くことが苦手な教師もいるだろうし、休み時間の合間になんとか……という実情も理解しなければいけない。

ただ、雑な書き方、雑な対応はそのまま「雑な先生」という印象に容易につながる。新年度早々にほとんど関わっていないのに、連絡帳のやりとりだけでマイナスなイメージを抱かれることは避けたい。「お礼」「学校での子どもの様子」「これからの予定」など、ちょっとした気の利いたひと言を加えるだけでも、保護者が受ける印象は変わるものである。

 5W1Hを忘れずに

電話と違い、連絡帳は細かいニュアンスを伝えるのにはあまり向いていない。それでも保護者が読みやすい、よくわかったと思える連絡帳は、時系列や問題のポイントがよく整理されている。

余計な誤解を生まないよう、5W1H（いつ、どこで、だれが、何を、どのように）を意識して伝えたい。

Point 子どもの目線に立てているか

「授業中に立ち歩いて困ります」「忘れ物があったので、残念ながら授業を止めないといけませんでした」など、教師の困り感が前面に出た連絡帳を見ることがある。これでは保護者は残念な気持ちになるばかりか、子どもと教師の信頼関係をはじめ、余計な心配を次から次に生み出す一方である。

「最後の20分くらいまで頑張っていたのですが、難しい問題が出たタイミングで……」などと、子どもの目線・視点から伝えたい。仮にネガティブな内容になっても、「先生はわかってくれている」という安心感が保護者に残るか、残らないかはとても大きい。

Point 心証を害するコメントをしていないか見直す

連絡帳を書く際には、相手の顔が見えないということもあり、思いがけず保護者の心証を害するコメントを返してしまう場合がある。「（おうちの方は）考えすぎかもしれません」「私はそうは思っていなくて……」「普通であれば……」など、数えあげればきりがない。

また、発達が気になる子どもの保護者の中には、就学前の経験から、障害名やほかの子どもとの比較、愛情不足などに敏感な方も多い。個々の保護者にNGワードがあることを想定するべきである。また、こちらの返答で「これでやりとりは以上です」といった印象をもたせてしまうことにも気をつけたい。

▼ 保護者への連絡帳メッセージ例

CASE お休み連絡へ返事を書くとき

　ご連絡ありがとうございました。お休みとのこと、承知しました。季節柄、長引くこともあるかと思います。早くのどの痛みが取れないと、〇〇さんもつらいですよね。ぜひ、お大事にしてください。

CASE 最近の様子を伝えるとき

　2学期になってから、いろいろと頑張っています。午後疲れているときの体育と図工はちょっとつらいようですが、午前中は係活動やグループでの話し合いにもとても積極的です。
　もしお子さんの話と違っていたり、家庭でも頑張っていたりすることなどありましたら、ぜひ教えてください。

CASE 保護者からの質問に答えるとき

保護者からのメッセージ

　算数の授業が嫌ということで、宿題も全くやりたがりません。宿題の量を減らしていただくことはできないでしょうか。

教師からの返事例

　家庭での姿を教えていただき、ありがとうございます。そうなのですね。ごはんやお風呂の時間などに支障はでていないでしょうか？算数の時間はおはじきセットなど物を使っているときはとても楽しそうです。ただ、計算だけの時間は確かにつらそうです。
　宿題をどのように減らすか、方法を変えるかなど、今後のためにも〇〇さんにとって一番やりやすい方法を考えたいので、一度話し合いのお時間をいただけますでしょうか。

7 こんなときには配慮が不可欠

連絡帳②

　朝、登校してきたばかりの児童の連絡帳を開くと、返事を考えるのが難しい内容が記入されていることもある。失敗しないよう丁寧に、ということも必要だが、その後は授業も待ち構えており、考える時間もあまりない。

Q 連絡帳に返事の難しい内容が書かれていました

　小学2年生の担任です。夏休み明けのある日、保護者から連絡帳で「子どもがいじめられているのではないか」と相談がありました。そのような様子は見受けられなかったので「私から見て困るようなことは起きていないようです。お子さんがどういったことを訴えているのか、具体的に教えていただけますか?」と返事をしました。その後、連絡帳への返答がなかったので、解決したのかなと思っていましたが、1週間後、教頭先生に呼び出されて「どうして真剣に考えてあげないのか」と注意されてしまいました。保護者が学校に直接訴えにきたようです。何がまずかったのでしょうか。

保護者任せにせず、詳しい話を聞こう

　日々子どもたちへの授業が待ち構えている状況では、ほかの教師に意見を求めたり、以前の資料を確認したりする余裕はない。だからこそ、余計に事態をこじらせたり、関係性を悪化させたりすることがないよう、下記のポイントをおさえて、急なときでも冷静に対応できるように心構えをしておきたい。

 個人情報や関係性への配慮

　今回のケースの担任の悩みについて考える前に、連絡帳では、次のような内容が含まれていないか確認しておきたい。

> A：子どもの病気やけが
> B：けんかやいじめ対応
> C：保護者が体調不良や不安定な状況にある
> D：虐待やその疑いがある
> E：明らかなこちらの不備（連絡ミス、忘れ物、勘違い）
> F：ほかの機関との連携や措置替えなど、校内外の手続き

　なかには、個人情報や関係性への配慮が必要なケースもあるだろう。「B：けんかやいじめ対応」、「D：虐待やその疑いがある」「F：ほかの機関との連携や措置替えなど、校内外の手続き」などが確認された場合である。こうした事例では、1回のミスでも信頼関係を失いかねない。よかれと思って、不用意に「○○さんと連絡を取りました」などとフライングをしてしまい、取り返しのつかない事態になることは避けたい。

Point 本当に大事なことは「電話」か「対面」で

　私たちが相手とのやりとりを続けることができるのは、相手の「表情」や「声色（声の調子）」などから意図を読み取り、必要に応じて「質問」や「確認」を織り交ぜ、細かい認識のズレを埋めているからである。
　こうした理由から、文字情報以外を一切もたない連絡帳は、内容の読み取りに失敗したり、逆にこちらの意図が誤解されてしまったりすることもある。手間がかかると思うかもしれないが、「電話」、できれば「対面」での対応を行うことで、相手の深刻さや抱えているそのほかの問題にも気づくことができる。急がば回れである。

Point 必ずしも基本どおりでなくてもよい場合

　「連絡帳①」のページで「5W1Hを踏まえて、なるべく丁寧に連絡帳を書くこと」を基本的な内容としてあげた。ただ、相手やタイミングによっては対応を考え直したほうがよい。
　例えば、「とても心配性な保護者」に連絡する場合や、トラブルが起きてしまったときに「加害側となってしまった子どもの保護者」へ事実を伝えようとした場合などは、具体的に書きすぎることで、逆に保護者の不安をあおったり、やりとりがエスカレートし、担任の負担がますます増えてしまったりするケースも散見される。こういったケースでは、管理職らの意見も交えながら、あえて連絡帳への記載は最小限にして、そのほかの対応も交えて、慎重に対応したい。

保護者からのメッセージへの返事例

保護者への返事を連絡帳に書く際には「教師の意見だけでなく、保護者や児童の目線に立ったひと言を入れる」ことを心がけるとよい。

CASE いじめを心配している保護者への返事

保護者からのメッセージ

朝、子どもが学校に行きたがりません。いじめられていたりしていないでしょうか？

教師からの返事例①

　ご不安なところ、ご連絡いただき、ありがとうございました。最近の〇〇さんですが、休み時間には友だちと一緒にドッジボールをして遊んでおり、授業中も話し合いなどで積極的に友だちと関わっているなと思っていましたが、見逃している場面もあるかもしれません。もしよろしければ、夕方か、難しければ明日の朝などにお電話させていただいてもよろしいでしょうか？お忙しいところ恐れ入りますが、よろしくお願いいたします。

教師からの返事例②

　ご連絡ありがとうございました。日中の〇〇さんはとても元気で、友だちとも仲よく過ごしていると思っておりましたが、いろいろな場面で、また教師みんなで確認して、〇〇さんが嫌な気持ちやつらい思いをしていることがないよう、気をつけて様子を見てみます。また、ほかにもご家庭で気になっていること、お悩みのことなどはございませんでしょうか？〇〇さんのためにもできるだけ早く対応したいと思います。何卒よろしくお願いいたします。

保護者カウンセリングのためのキーワード

子ども本人・保護者とともに必要な支援を考えたい 合理的配慮

　障害のある子がほかの子どもと平等に教育を受けることができるように、子ども一人ひとりに必要な支援を考え、工夫や配慮をすることをいう。学校が子ども本人や保護者から特別な配慮を求められた場合、その状況に応じて必要かつ適当な変更・調整を行う必要がある。

　「合理的配慮」の内容は、学校と本人・保護者で可能な限り合意形成を図ったうえで決定し、提供されることが望ましく、さらに、「合理的配慮」の決定後も、子ども一人ひとりの発達の程度、適応の状況などを考えながら柔軟に見直しをしなくてはならない。また、そのことを学校で共通理解することが重要である。

　進級・進学・転級など移行時における情報の引き継ぎも十分に行って支援が途切れることのないようにし、子ども本人や保護者が安心して学んでいけるようにしたい。

保護者が適切な関わり方を知る ペアレント・トレーニング

　ロールプレイやホームワーク（保護者が学んだ子育ての工夫を家庭で実際に子どもに対して行い、その結果を記録すること）、保護者同士のディスカッションなどのプログラムをとおして、保護者が子どもとの適切な関わり方を身につけることを目指す家族支援アプローチ。

　子どもの行動にどのような対応ができるのかを具体的に学習していくことで、保護者が子どもとのやりとりのしかたを理解し、保護者としての自信を積み重ねていくことができる。また、保護者の子どもへの接し方が改善されることにより、子どもの心身の発達が促される。

　学校現場でも、保護者に子どもとの関わり方をアドバイスしたり、保護者の心理的なストレスを理解したりするのに役立つとして、注目されている。

第2章

学校行事で欠かせない配慮

　行事では保護者が学校へ足を運ぶことも多く、関わりの機会が増える。保護者が子どもの学校生活や教師の対応に安心することができるようによくある場面ごとにやっておきたい準備や、行事前後の配慮を紹介する。

1 先を見通しておきたい
保護者連携の1年間

　担任としての1年間を振り返る2月ごろ。保護者との関わりに苦い記憶を抱く教師の中には、「どうしてあの先生はうまく保護者対応できるんだろう」「相性もあるから仕方ない」と考えている方も少なくないようである。だが、諦めるのは少し待ってほしい。実はうまくいっている教師の多くは、新年度が始まる前の2月や3月の時点には1年を見越した保護者連携の準備ができているのだ。

Point 「構え」をもって対応する

　「構え（かまえ）」とは、万事さまざまな事態に適した対応ができるよう、前もって準備しておくことを意味する。「神様じゃないんだから、いつ何が起こるかわからないよ……」と思われるかもしれないが、構えのポイントは「すべてを完璧におさえ、ベストな対応を行うこと」ではない。むしろ「いつ何が起こるかわからない」という不確実性を前提にしつつ、突然の困難やハプニングにも臨機応変に対応できるよう、「大きな流れ」をつかんでおくことが重要となる。

Point 年間予定で1年間に見通しをつける

　日常的なやりとりを除けば、教師が保護者と関わる機会は学校行事と連動していることが多い。右ページの「年間やることリスト」に、各学校で想定される年間の予定と、その際の準備事項をまとめた。自校の行事予定と照合して、可能であれば、本書の各部で紹介する関係づくりのための配慮やアイディアをメモしてもらいたい。そうすることで、年度当初のドタバタや、行事が集中しているときに陥りがちな「事後対応」「二の次対応」を極力防ぐことができる。やるべき準備を確認して新年度に備えたい。

年間やることリスト

時期	学校行事	事前準備チェックリスト
4月	●入学式 ●保護者会	□引き継ぎ資料の再確認(配慮が必要な児童) □学級通信の書式・方針決め □保護者会のお知らせ、場のセッティング
5月	●家庭訪問 ●個人面談(春)	□家庭訪問や個人面談のお知らせ □児童の前年度や直近の姿のまとめ
6月	●遠足 ●プール開き	□行事で保護者が不安に思うことの確認 □活動内容や準備物のお知らせ
7月	●夏休み前の連絡	□児童の現在の生活リズムの確認 □宿題量やその実施・提出についての保護者との確認
8月	●避難訓練 ●緊急時対応 ●夏休み明けに向けた対応	□保護者の連絡先や緊急時のルールの確認 □夏休み明けの提出物や準備物のお知らせ
9月	●夏休み明けの対応	□夏休み中や夏休み明けの生活リズムの確認 □夏休み中の「経験」や「成長」の確認
10月	●運動会 ●宿泊学習	□保護者が不安に思うことの確認
11月	●措置替え対応 ●授業参観	□要望があった場合の備え 　(管理職との手続きなどの確認、児童の情報まとめ) □授業参観のお知らせ □授業準備
12月	●個人面談(秋) ●学習発表会	□個人面談のお知らせ □児童のこれまでの姿や直近の姿のまとめ □過去の成功・失敗経験への配慮
1月	●引き継ぎ準備	□自校の引き継ぎ体制の確認 □引き継ぐ方法や書式の確認
2月	●個人面談(冬)	□今年度の児童の姿の整理 □保護者の思いや困り感の確認 □担任が替わることを想定した対応 　(支援方法の確認や支援のフェイディングなど)
3月	●卒業式・修了式 ●引き継ぎ	□引き継ぎのセッティング □保護者の意向の確認

第2章　学校行事で欠かせない配慮

2 人間関係がスタートする4月

保護者会

　新年度初めの４月に保護者会が行われる学校も多い。保護者と初めて直接顔を合わせるという場合もあるだろう。事前にしっかりと準備したい。

参加したくなる「保護者会」を準備しよう

　「保護者会の準備をする時間があったら、子どもの指導のために使いたい」。そう考えている教師は、せっかくのチャンスを台無しにすることになる。保護者会は学級通信、あるいは電話で話しただけの保護者と直接話し合ったり、思いを共有したりする絶好の機会である。まずは事前準備と活動の工夫を紹介しよう。

 場のセッティング

　教室の入り口に名簿を用意しておき、どの子の保護者が出席したのかわかるようにしよう。「保護者会、ご出席ありがとうございます。下の名簿に○のご記入

をお願いします」という言葉を忘れずに。保護者同士がまだ親しくない場合には、相互に顔と名前を覚えてもらうために、机上にネームプレートなど用意しておくのもよい。机の配置は、子どもが使っているままでもよいが、お互いが顔を見られるよう、コの字型などの配置にするとよいだろう。

Point 質問コーナー

　担任や学校に対して、質問や要望を伝える時間を確保しておくのが一般的だろう。しかし、学校への要望の場合、担任がその場で対応できないこともある。保護者から意見があがったときは、「同じようなご意見や違ったご意見、こうしたらよいのにといったご提案のある方はいらっしゃいますか」とほかの保護者の声もさりげなく聞いてみるといい。多くの保護者の意見を集めておくと、後日、管理職やほかの教師への相談もしやすくなる。

　保護者から意見を聞いたあとは「持ち帰ってほかの先生とも検討します」と伝えよう。そして、対応できる・できないにかかわらず、後日お便りなどで結果を報告する。対応できないことになった場合も「先日は保護者会にご出席いただき、ありがとうございました。○○という意見をいただきましたが、○○な事情で対応することは難しいということになりました」と理由や代案を説明できると、勇気を出して意見を出した保護者の気持ちも報われるだろう。

Point 写真紹介

　保護者会で、家庭では見ることができない学校での子どもの様子を、写真などで見ることができるプログラムは特に人気がある。全員が写った写真の準備が難しい場合、遠足などで集合写真を撮る際に、学校のカメラでも一枚撮らせておいてもらうとよい。その写真をお見せしながら話をすると場が和むだろう。ただし、個人情報になるため、保管には注意してほしい。

保護者会成功のワザ

保護者会での印象が、今後の保護者との関係によくも悪くも影響してくるだろう。次の4つのワザをおさえて、よい印象を抱いてもらえるようにしたい。

Point 定刻に始め、早めに終わる

仕事などの時間をやりくりして出席している保護者のために、開始時間を厳守することは最低条件であろう。時間にルーズだと思われると、授業もルーズだと誤解されてしまうかもしれない。

ただ、保護者会の終了時間は、1分でも予定時間より早いと参加者に喜ばれる。その際、「みなさんのご協力もあって、予定時間より早く終わることができました。ありがとうございます」のひと言を忘れずに。

Point 明るく、丁寧に、自信をもって話す

話をするときには、まずは「明るく」。保護者に相対すると深刻な表情になってしまう教師もいるが、子どもと話すときのように明るい表情を意識したい。

「丁寧に」話すことも信頼を得るうえで欠かせない。なかには自分と同年代の保護者もいるだろうが、その場合もなれなれしい口調で話すことは慎もう。

そして、「自信をもって」話をしよう。保護者に対して威圧的にならず、できるだけ謙虚に話そうとして、「まだ若輩者なので、なんでもみなさんの意見を聞いていろいろと改善していきますので……」と極端にへりくだってしまうと、「あの先生は大丈夫なんだろうか」と誤解されることがある。

教育の「プロ」として、上から目線にならない程度に「こういう実践をしたら、子どもがこんな変化をした」といった経験に基づく成功談を語ると、保護者の信頼獲得に直接結びつくだろう。

実物を使う

　配慮の必要な子どもの中には忘れ物が多くて教師にたびたび注意を受ける子どももいる。しかし、何を持たせればよいのかわからなければ保護者は手伝うことができない。例えば、「計算タイルを持ってくること」とノートに書いてあっても、見たことがない保護者にとっては未知のものであろう。保護者会では、そのような実物について、使い方も含めて保護者に見せておきたい。

2回目以降は趣向を変えよう

　最後に、2回目以降の保護者会にも参加してもらうための工夫を紹介する。

開催ごとに目玉を作るのが吉！

　みなさんの学校では、保護者会は年に何回実施されているだろうか。毎回同じプログラムだと、「いつもと同じだから、行かなくてもいいかな」と考える保護者も増えてくることだろう。そうならないためにも、プログラムに変化をつけてみてはいかがだろうか。

1学期のプログラム
本日の進行予定
1. 担任の自己紹介
2. 1学期の様子
3. 一人ひと言
4. その他　要望や質問など

2学期のプログラム
本日の進行予定
1. 「**ウチの子の席はどこだ?**」 探しゲーム
2. 今日の授業体験 その席からどういう具合に黒板が見えるのか、私の声が聞こえるのか確認してみてください！
3. お気づきのことがあったら教えてください

この例の場合、配慮が必要な児童生徒の保護者は、授業中、我が子がどのような席で授業を聞いているのか、先生からの指示、声かけはどのように聞こえているのか、確認したいと考えているに違いないと思い、プログラムを設定している。そのクラスで確かめたいこと、知ってほしいことを考え、保護者が楽しめるような内容を設定してみよう。

　なお、当日は進行内容がわかりやすいように、資料、もしくは教室の黒板に「本日のプログラム」について記載しておくとよい。

 「お得感」のある告知で保護者を集める

　参加が義務づけられて負担感が増すより、「お得感」があるほうが保護者は参加する。上記のプログラムの場合、保護者を集める告知は、例えばこうである。

> ○月○日、15時から○年○組で保護者会を開催いたします！
> いつも時間をやりくりしてご参加いただき、ありがとうございます。
> 今回の保護者会ではご自分のお子さんの席に座ってもらいます。その席からどういう具合に黒板が見えるのか、私の声が聞こえるのか確認してみてください！　そしてお気づきのことがあったら教えてください。

 グループでの話し合い

　新学期早々の保護者同士はどこかぎごちない様子だが、回数を重ねるにつれて、人間関係も深まってくる。そこで、2学期以降はテーマを決めて5～6人のグループで話し合う機会を取り入れてはいかがだろう。テーマは「家での様子」「テレビの見せ方」「お小遣い」などなんでもよい。「自分の子どものよいところ」など、結構話が盛りあがるものである。話し合いの中で配慮の必要な子の保護者が、自分の子どもの特性、子育ての苦労を自然に吐露できる場合も少なくない。

個別の面談の用意

　保護者会には、日ごろ、子育てで悩んでいる、発達について困難を感じている保護者も参加していて、教師やほかの保護者に相談する機会を密かに待っている場合もある。保護者会での話し合いがそのきっかけになればいいが、それ以外で個別に話したいという場合には、会のあとや別の日に個別の時間をつくって面談しよう。

　もちろん、個別の面談は必要に応じていつでも可能であると告げられてはいるものの、保護者会のあとの時間などのほうが気兼ねなく話せるという保護者もいる。また保護者から申し出がなくても、我が子の学習状況や生活などを心配していると思われる保護者には、会の終わり際に、教師から声をかけてみることをオススメする。

欠席した保護者へのフォロー

　欠席した保護者に伝えたい情報、例えば教室で配った資料などは、後日子どもに持たせて必ず保護者の手に渡るようにする。その際に、資料の隅や別紙などに、○○様と名前を入れて、ごくごく短いメッセージを書いておくと次回の出席につながる可能性が高まる。

3 新生活が落ち着き始める5月
家庭訪問

　子どもの通学路を知るためにも「家庭訪問」を実施する学校は多い。家にあがって話をする場合にも備えて、訪問の基本をおさえておきたい。

Q 保護者と話したい内容が一致しません

　初めて担任をもった昨年の家庭訪問は、緊張していたこともあり、うまくいきませんでした。事前に「保護者にお願いしたいこと」を家庭ごとに整理しておいたものの、保護者から次から次へと要望が出され、私からの話はほとんどできませんでした。例えば、友だち関係で気になることがあった子の保護者からは「宿題が難しかったり、多すぎたりして困っています。どうにかしてください」と切り出され、結局、その話だけで終わってしまいました。
　今年は、私の話に耳を傾けてもらい、保護者に協力をお願いできるようにしたいのですが、どのように話を進めればよいのでしょうか。

保護者と教師の思いの共通項を見つけよう

　学校によっては、家庭訪問マニュアルを用意しているところもあるだろうが、一般的には次のような内容を事前に確認しておきたい。

家庭訪問確認リスト

○訪問に適切な服装を選ぶ。それにより、保護者の受け取る印象も異なってくる。
○部屋にとおされた場合も玄関先でも、10分以内を目安とする。
○訪問を拒否された場合は無理を言わない。家庭の状況や保護者の要望に合わせて別の機会を検討する。
○話したい内容を考えておく。
○メモや記録を残す場合、あらかじめ承諾を得る。
○個人情報の取り扱いに気をつける。

■訪問を計画する際の確認事項
- [ ] 学校・学年の方針の有無
- [ ] 家庭訪問マニュアルの有無
- [ ] 家庭訪問の目的
- [ ] 家庭訪問のセッティング（自宅の場所、移動時間など）
- [ ] 個人情報の取り扱い
- [ ] その他：

■訪問直前の確認事項
- [ ] 適切な服装
- [ ] 所定の時間
- [ ] 話題の準備
- [ ] メモや記録を取る際の承諾
- [ ] 記録した内容の管理
- [ ] その他：

　上記のような基本はおさえたものの、今回のケースのように実際に行ってみたら想定と異なるという場合はどうしたらよいのか。まず、保護者の気持ちを考えてみよう。

保護者にとっての家庭訪問の意味を考える

　先生が自宅までやってくるのに当たり、保護者は「お客様」のために部屋を片づけ、仕事を休むなどして時間を空けて待っている。当然ながら、保護者はその労力に見合った報酬を求める。例えば、自分の知らない我が子の様子を聞いたり、子どもや保護者自身が困っていることを解消できたりといったことを期待する（反対にわずらわしい情報を知りたくない、という方もいるので注意）。

 保護者の話と教師の伝えたいことをリンクさせる

　インターネット上には、「家庭訪問をうまく受けるためのノウハウ」なる情報さえあり、保護者の関心の高さがうかがえる。その中に「保護者が聞くべき項目」として、**①授業中の様子、②休み時間の様子、③給食の様子、④友だち関係、⑤生活態度、⑥子どもの長所と短所**の6点があがっていた。

　これらは、教師側が確認したいこととかなり重なる。例えば今回の事例の保護者が選択した宿題というテーマは、①授業中の様子を連想させるものである。そして、子どもが④友だち関係を優先させるので、何度も宿題を促すはめになり、⑤生活態度や⑥子どもの長所と短所のうち特に短所が目につきやすくなるなど、ほかの項目とかなりリンクしていると考えられる。つまり、保護者が伝えたい話題の中に、教師が伝えたいことを伝えるための糸口が必ずあるということである。最初に保護者の話を聞き、そこに共通項を見いだし、テーマに沿って自分の伝えたい内容を盛り込んでいけば、お互いに満足の得られる家庭訪問となるだろう。

　子どもや保護者に気になる様子があったら、訪問後に右ページのように、教師と保護者の気にしているポイントをまとめておくとよい。後日、相談する機会をもつような場合には、「悩みや喜びのポイントに共通項はないか？」「捉え方にズレは起きていないか？」「気になることばかりになってしまっていないか？」（うれしいことや子育ての方針、家庭での工夫など）を探ると、話し合いがスムーズにいくはずだ。

▼ 気になるポイント確認表

	担任	保護者
学習について	①授業中の様子 困り感（有・無） 具体例	宿題・習い事 困り感（有・無） 具体例
空いた時間の過ごし方	②休み時間の様子 困り感（有・無） 具体例	余暇・好きな遊びなど 困り感（有・無） 具体例
生活習慣	③給食の様子 困り感（有・無） 具体例	食事、トイレ、風呂、着替え 困り感（有・無） 具体例
交友関係	④友だち関係 困り感（有・無） 具体例	友だち関係（放課後、休日） 困り感（有・無） 具体例
その他	⑤生活態度　⑥子どもの長所と短所 困り感（有・無） 具体例	生活態度　得意ー苦手、好きー嫌い 困り感（有・無） 具体例

第2章　学校行事で欠かせない配慮

4　環境変化に不安になりがちなGW明け
個人面談

　新しい生活に慣れ始める一方、今までと違った環境にストレスや不安を感じている子もいるだろう。気になる子を支えるためにも保護者との連携は欠かせない。

Q 無理な要望への対応に悩んでいます

　小学2年生の通常学級の担任です。本校では年に2回、保護者との個人面談を実施しています。
　自閉症スペクトラムの診断をうけているCさんの保護者は、席について開口一番、「うちの子には、通っている専門機関と同じ対応をしてください」と言い、具体的な対応方法がまとめられた紙を持ってこられました。正直、「そのやり方は学校では……」と思うものがほとんどなのですが、どのように対応すればよいのでしょうか。

保護者の要望に隠れた思いをくみ取ろう

　言葉にしていながらも、実は言えない本音のことを「メタメッセージ」という。実はＣさんの場合、学校で起きていることを保護者にほとんど伝えておらず、保護者は「うちの子は学校でうまくやっているのだろうか」という不安でいっぱいだったそうだ。「この先生なら大丈夫」という安心感がもてないなか、幼児期から通い続けている専門機関の対応が、唯一のよりどころであった。頼りにできるのはそれしかない、という状況で、保護者もつい言ってしまったのだろう。

　つまり、Ｃさんの保護者の場合、表向きには「同じ対応をしてほしい」という欲求が伝えられたが、その裏には「学校でうちの子どもはちゃんとやっていけているのか、様子を知りたい」というメッセージが隠されていたのである。

 教師と子どもの関係性に安心感を与える

　子どもが学校生活で起こっていることを保護者にうまく伝えることができない場合、保護者側の「学校生活のイメージ」があいまいだったり、誤認してしまっていたりすることが少なくない。まずは、教師から客観的に学校生活の様子を伝えよう。「うちの子は先生のことを慕っている」「先生は私の子どものことをしっかり見てくれる」という教師への安心感をもってもらえれば、対応の方針が違っていても、許容してくれることも少なくない。面談ではぜひ、担任と子どもとの関係性を具体的に示すことのできるもの（写真やエピソード）を準備したい。

 双方の困りごとを事前に確認しておく

　教師が「その場の流れで」というスタンスだと、今回の事例のように保護者のメタメッセージを理解することはとても難しく、保護者の話を聞くことに終始したり、逆に教師が一方的に話をしてしまったりする。限られた時間を有効に活用するためにも、必要に応じてP.49「気になるポイント確認表」のような内容を事

前に伝えて、話したいことを整理してきてもらうなどしてもよいだろう。教師も同様に表にまとめておくことをオススメする。

客観的な事実や具体物を用意する

　面談時には、教師にとっても保護者にとってもあまりうれしくない内容を切り出さなければいけないこともある。そんな状況だからこそ、子どもの「よいこと」はできるだけ、具体的に客観的に伝えられるように準備をしておきたい。

　また、「よくないこと」についても、例えば「給食は全体的によく残してしまうんですよね」ではなく、「給食はどうしても苦手なのですが、週に２日ほどは頑張って食べようとする姿もうかがえます」と、表現のしかたを変えることで、与える印象や今後の見通しも随分と変わる。

場のデザインは忘れずに

　どんな保護者も、それぞれに不安や緊張感をもちながら担任との面談に挑む。次に述べるようなポイントを確認し、安心して、気持ちよく入室してもらえるよう、場の雰囲気を整えておきたい。

- 待機席の準備（「お声をかけさせていただきますので、お待ちください」などのひと言や教室ドアの案内など）
- 待機席で目に触れる場所（廊下など）や教室内の掲示物
- 面談場所の明るさ・採光・座席の配置（対面or斜め）

個人面談前に保護者が抱える悩み

　個人面談の前に配られたお知らせを見て、前年度の面談を思い出して不安を感じる保護者もいるだろう。面談前の不安が的中してしまわないように、保護者の不安に先回りして配慮を考えたい。

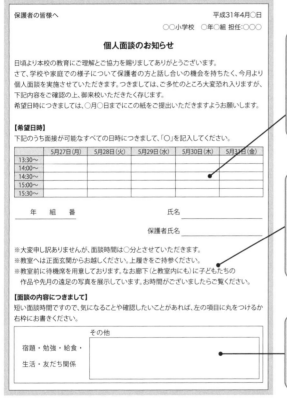

不安①
「ほかの保護者に聞かれたくない話がいっぱいある……。誰も待っていない最後の時間にしてくれないかな。でも、私だけ特別扱いとかダメだよね」

不安②
「去年は先生の声が大きすぎて、廊下で待っていた○○くんのお母さんに知られたくないことを知られて最悪だったな。今年も同じようなことがないか心配」

不安③
「一番困っていることは、そんな簡単にここには書けないよ。面と向かってじゃないと言いにくいな」

❶への対応
可能な限り希望に応じたい。面談の前後の時間帯を1コマあけておくなどして話したいことが話せる環境を用意しよう。

❷への対応
待機席を教室から離れたところに置くなどして、話が聞かれているのではないかという不安要素を減らせるようにしたい。

❸への対応
相談内容を手紙には書きたくないという場合ももちろんある。当日、保護者が言い出しやすいように、「手紙に書ききれなかったことなどはありますか」と聞くとよい。内容によってはその場で無理に解決しようとせずに、別日に対応するようにしたい。

5 生活リズムが崩れがちな7月
夏休み前

　日差しもまぶしい7月。1年の3分の1がやっと終わったと、一息つきたいところであろう。そこでやってくるのが夏休みである。教師の見えないところで、さまざまな問題が発生してくるかもしれない。

Q 夏休みの生活についてアドバイスしたいです

　パソコンをいじったり、機械を分解したりすることにはまっている小学6年生のDくんの保護者から、「夏休みに生活リズムが崩れてしまわないか心配です」と相談がありました。毎年、夏休みの過ごし方について口論になっているそうです。「正しい生活リズムを続けよう」と紙に書いて見えやすいところに貼ることを提案したところ、保護者は、「はい……。わかりました……」と暗い表情で帰っていきました。毎年、夏休みは大変な状況になってしまい、この程度のアドバイスでは効果がないとわかっているようです。どのような指導が効果的でしょうか。

1週間スケジュールを作ってみよう

　夏休みなどの長期休暇は、保護者と児童生徒が一緒にいる時間が増え、さまざまな問題が噴出する時期である。タイムスケジュールが一変する夏休みに、生活リズムを崩し、昼夜逆転してしまう子どもも多い。

　しかし、夏休み全期間のスケジュールをまとめてたてようとしても、ゴールが遠くて気が遠くなる。また、最後まできっちり決まっていると修正がきかなくなる。そこで「1週間スケジュール（P.57）」を作成することをオススメしてみてはいかがだろう。

　エピソードのDくんと保護者のために、担任は1週間ごとに1日のおおまかなスケジュールと、保護者が望む姿に合わせた目標をたてるためのシートを用意し、次のように支援を進めた。

 子どもと保護者が一緒に予定を組む

　スケジュールや目標をたてる際は、「保護者と一緒に」というのがミソで、大人と子どもが夏休みの過ごし方を相互に了解し合う必要ある。こうした了解がないまま要望だけを伝えると、お互いズレたまま、実のない話になりがちだ。

　しかし、シートを挟み、予定や目標（望んでいる姿）について話し合いをすることで、見通しがもて、お互いの妥協点も探りやすくなる。大枠は保護者と相談しながら決めるとして、1日のうち2、3時間は子どもの趣味やリラックスの時間を設けるのもよいだろう。

 保護者が望む行動を子どもの実態に合わせる

　Dくんに保護者が望む行動として、「家の手伝い」「宿題」「パソコンをする時間（を守る）」の3つが選ばれた。ただし、当初「家の手伝い」はうまくいかなかった。担任が事情を聞いたところ、洗濯物を干す、たたむ、部屋を掃除するなど、あれ

やこれやとお願いしていたようである。

　そこでDくんにとって難しすぎず、かつ興味・関心が高い「夕飯作りの手伝い」と「洗濯物たたみ」に絞って取り組んでもらうことにした。

 やりっ放しにしない。ポジティブな評価を！

　Dくんの場合、日ごろから叱られることが多く、せっかくよい行動を示しても、あまり認めてもらえなかった。そこで、事前にいくつかの評価項目を決め、達成状況に応じて趣味のパソコンをする時間を延長できるようにするとともに、母親にDくんができたときには「ほめる言葉を添える」「週の終わりに振り返りの機会を設ける」ようにしてもらった。

　最初は「この子にほめるところがあるんでしょうか」と言っていた母親だったが、取り組んで1か月たったころには、父親に対してDくんのよい行動をうれしそうに伝えることも増えていた。

　できたらシールを貼る、ごほうびがもらえるといった見返りで頑張らせるよりも、自分の努力したことで誰かが喜ぶという体験につなげ、自尊心を高められるようにしたい。また、目標を達成できたときには、家族と一緒にゲームをする、お出かけをするなどの時間を設定できるとよい。

1週間スケジュール

〜今週の予定〜

	月 7月29日	火 7月30日	水 7月31日	木 8月1日	金 8月2日	土 8月3日	日 8月4日
午前	塾	塾	塾	塾			北海道旅行
午後	・機械の改造を少しする			プール		機械パーツ販売イベント	↓
夕方・夜	・宿題もする			夏祭り			8月7日まで

〜できたかな？〜

	月	火	水	木	金	土	日
① 家の手伝い	🚗		🚗				
② 宿題 (2ページ以上)	🚗	🚗		友だちが遊びに来てできなかった	🚗		
③ パソコンをする時間 (30分以内)		🚗	🚗	🚗		🚗 土曜日なのにしなかった！	

- シールが0〜4個……特になし
- シールが5〜9個……来週パソコンをする時間、1日5分延長
- シールが10〜14個……来週パソコンをする時間、1日10分延長
- シールが15個〜……来週パソコンをする時間、1日10分延長＋エキスポセンターに行ける

今週は… 5分延長

まあまあだったけど、もう少しがんばれたかもしれない。手伝いはもっとがんばる。

第2章 学校行事で欠かせない配慮

夏休みを自己管理力を向上させるきっかけにしよう

　日常的な用語でもある「自己管理（セルフマネジメント）力」。1週間スケジュールの作成もその一つだが、その意味は「社会生活において、自らの行動を能動的・自律的に変えたり、維持させたりすること」である。その力は、次の①〜⑤のように細かく分けられる。

> ① その場に求められる行動規範（ルール）の確認
> ② 規範に基づいた行動の計画
> ③ 規範に基づいた行動の遂行
> ④ 「今、うまくできているか？」の確認とそれに基づく微調整
> ⑤ 自らの行動に対する事後評価

　普段の学校生活では子どもたちはたくさんの制約の中で、自らの行動を管理・調整している。「たくさんのことに合わせなければいけない」と考えると大変そうだが、教室や時間割、その場で指示を出す教師によって、やることは「一つ」に狭められている。極端な話、自分がすべき行動は深く考えなくとも隣にいる友だちの姿を見ることで知ることができる。その点で授業内のルールの確認は容易であり、自己管理のハードルが下がっていることもある。

　では夏休みはどうだろうか。どこで何をどのようにして過ごすかの自由度は一気に増し、高学年ともなると、家から数キロ離れた場所で過ごす機会も増える。多くのことを自分で判断・調整しなければいけないなかで、健全な生活を送ろうとすれば、1日中ずっと、上記の①〜⑤を意識しなければいけなくなる。メタ認知や計画性に弱さがある子には、もはや手に負えなくなってしまう。

　夏休みが始まる前から、制約のない生活にウキウキ・ワクワクしている子どもたちと、それを「どうにか抑えたい」と願う保護者との間で、衝突が起こることは必至である。ただし、夏休みは「自分のことを自分で決めて、生活する」という自立に向けた絶好のチャンスでもある。「自己管理力を育む」というポジティブな視点も交えて、夏休みの過ごし方を保護者と一緒になって考えたい。

「勉強」から離れた習慣を身につけよう

　高学年の児童の場合、中学進学などを控え、塾や家庭教師の利用を考えている保護者も少なくないだろう。学校がそれに対してとやかく言う権限はないが、夏休み中ずっと勉強というのでは、反動が夏休み後に出てくるのは必至である。夏休み前の学級通信などで、次のようなポイントを伝えてみてはいかがだろう。

Point 新しい習い事にトライする

　成長とともに、各人の興味や趣味もできて、それに対して熱意も生まれてくる。大人になってから、「子どものとき、ピアノを習っていたけど、大嫌いだった。もっと自分に合ったもので趣味として継続できる習い事をしておけばよかった」などと思っている人もいるだろう。子どもが得意とするような内容の習い事を探してトライするようにすすめてみてはどうだろうか。

Point 中学生以降の進路をイメージさせる

　中学生になると、子どもが自分で進路について考えられるようになっていく必要がある。そして中学卒業後は、好きなことを生かせる学校に進学する者もいれば、勉強が得意で進学校に進む者もいる。高等学校だけでなく、専修学校、通信制高校、特別支援学校と、選択肢は多様である。

　卒業後の進路をどうするのかは、その後の人生に大きく影響する。NPOや自治体が実施している職業体験に参加し、勤労観や職業観を育み、自らの進路や興味のあることを考えるきっかけを与えられるとよい。

　「明日から頑張る」を繰り返しているうちに夏休みは終わる。実現可能な計画を子どもと保護者で一緒に立て、ハッピーな夏休みを過ごすための工夫を促そう。

6 子どもの変化に気をつけたい9月
夏休み明け

　夏休み明けの9月は関係再構築のチャンス。そして、保護者との連携関係を再確認する機会にもなる。

Q 夏休み明け、どう対応すべきだったのかわかりません

　小学2年生の担任です。夏休みが明けて、来月10月には運動会も予定されています。新学期の翌朝、不注意傾向のあるEさんの母親から、「Eが『学校行きたくない』と言っていて。今日はどうにか学校に送り出したので、気をつけて見てもらえませんか?」と電話がありました。「気をつけて見ておきます」とお返事しましたが、2週間ほどたったある日の朝、またもやEさんの母親から電話があり、「『学校絶対行かない』と取り乱していて。さすがに今日は休ませます。先生はEのこと、本当に気にして見てくれていたんでしょうか」と言われてしまいました。前日の帰りの会でもとてもいい表情をしていたので、大丈夫だと思っていたのですが……。その後、なんとかEさんは学校に来てくれたものの、保護者とのわだかまりは続いたままです。

夏休み明けは「マイナスからのスタート」を想定しよう

　「気をつけて見ておきます」と答えた担任。ところが、すぐに始まった運動会の練習に気を取られ、Eさんのことを気にかけるタイミングは「あとは家に帰るだけ」の帰りの会のみになっていた。しかも、1日の終わり＝笑顔、で安心しきってしまったのである。

　運動会を春に移す学校が増えているが、夏休み明けの学校も多くある。また、学習発表会や修学旅行、地域によっては研究授業の実施など、「クラスのまとまり」が心配になる行事が待ち構えているかもしれない。

　9月は、子どもたちへの対応と行事との間で板ばさみになりやすく、担任の注意も散漫になりがちである。保護者と何気なく交わした「気をつけます」という言葉が、いつの間にか中身を伴わないものになってしまっていないだろうか。

　こうしたことを考えると、「夏休み明け」は、教師にとってリスクのある時期だといえるかもしれない。夏休み明けに心得ておきたいポイントを確認しよう。

 「事なかれ主義」を改善する

　「気になる子のせいで行事が台無しになる」といった事態を回避するために、事なかれ主義に陥り、できるだけ表沙汰にしないようにしてはいないだろうか。気になる子への対応から目を背けていると、保護者からは、自分の子どもの教育に真剣に取り組んでいないように見えてしまう。

 イメージする子どもの姿にギャップがある

　学校という場で子どもと接する教師にとっては、現在の一つ前は「1学期」であるが、保護者にとっては「夏休み」である。特に気になる子にとっての夏休み→学校のハードルは高く、担任の「1学期のペースを思い出せれば大丈夫」という言葉は、「あんな夏休みだったのに大丈夫なのか」と保護者の不安を助長しかねない。

子どもにとっての夏休み明けの９月は、前学期のペースを取り戻すという「ゼロからのスタート」ではなく、生活リズムが崩れた夏休みによる「マイナスからのスタート」だと想定する必要がある。

Point 「三歩進んで二歩下がる」を想定内とする

　夏休み明け、「１学期はできていたのに……」ということも当然出てくる。発達障害がある子の場合、スキルの形成・維持・発展のプロセスに時間を要することもあり、なおさらである。担任も保護者も「あれやこれや」とつい多くを求めたくなり、気負って高い目標を掲げてしまうことも少なくない（そして失敗し、さらにイライラする）。

　「長い夏休み、戻ることもある」と担任と保護者とでひと呼吸おいてから、「夏休み中・夏休み明けの生活の確認」「子どもに再度身につけてほしいスキルの優先順位づけ」を行いたい。

時間割表を活用した休み明けのペース確認

　残念ながら保護者の中には、子どもへの対応をめぐって「担任に期待する→裏切られる」という経験を重ねてきている方も多い。小学校中学年ごろになると、もはや最初から「期待しない」という選択をする方もいる。そんな場合でも、やはり区切りとしての新学期には期待を込めるものである。このタイミングでの「期待外れ」は、保護者にとって決定的である。

　しかし、子どものペースを理解するためには、ずっとその子を見ているというのは不可能である。夏休み明け、Ｅさんのように「夏休みからのリカバリー」に苦労している子には、時間割表を活用し、１日・１週間のペースを大まかに把握するところから始めよう。

Point 最近1週間の学校での様子を把握する

　まずは担任が見た子どもの様子を伝えられるように、学校での1週間の子どもの様子を記録する。時間割表を色分けし、子どもの苦手なことなどがひと目見てわかるように整理しておくとよい。例えば、「白色＝好きな科目」「灰色＝苦手な科目」などである。「金曜以外、毎日1限が苦手な科目」「水曜日は調子が悪そうだな。なにかと一声かけておいたほうがいいかも」というところまで想像できれば、担任の「気をつけます」という言葉にも重みが出てくるだろう。

　起床・入眠時間は保護者に記録しておいてもらえるようにあらかじめ電話などで伝えておこう。その記録から、子どもの苦手な教科はどの時間帯にあるのか、気になる行動が目立つ時間はいつなのかを把握できるようにしたい。

最近1週間の学校でのEさんの様子

曜日	月	火	水	木	金
起床 入眠	7:30 23:10	6:55 21:55	7:45 24:00	7:40 22:10	7:20 23:55
1	国語 😟	体育 😟	国語 😟	国語 😟	算数 😟
2	図工	算数 😟	生活	体育 😟	国語 😟
3	図工	国語	国語	算数	音楽
4	算数	音楽	道徳 😟	国語 😟	算数
5	学級活動 😟	算数	体育 😟	算数	生活 😟

※灰色は苦手な科目、😟は気になる行動が多かったとき

Point 保護者から家での子どもの様子を聞く

子どもの家庭での様子を知るために、夏休みの過ごし方や新学期当初の家庭での様子を電話や連絡帳で聞いてみるとよい。電話で聞く場合、あらかじめ聞きたいことを整理するために、P.49の確認表をここでも活用してみよう。保護者が気になっている子どもの姿を共有できるようにしたい。

家庭でのEさんの様子を聞き取ったメモ

夏休み中の過ごし方	はじめのうちは、学校と変わらなかったが、後半は起床9時、入眠23時。ゲームが増えて、結局宿題も3分の1しかできなかった。スイミングは欠かさず行けた。
新学期当初の家庭での姿	朝のしたくはほとんどしたがらない。疲れたのか、帰ってからの宿題には全く手をつけず、寝てしまうことも。外では、ちょっとしたことで友だちと口げんかが発生しており、極力外に出ていないとのこと。

Point 学校での休み明けの配慮を検討する

子どもの学校での様子と保護者から聞いた家での様子をもとに、子どもの負担を減らし、リスタートを切れるようにするためにできる配慮を考えよう。例えばEさんの場合は次のような支援が考えられる。

- 1時間目や水曜日にあれこれ求めすぎないように気をつける
- 宿題は日記と漢字、どちらか一つだけでもよいこととする
- 入眠時間について保護者と相談する

安易な「気をつけます」「大丈夫ですよ」は信頼を失うきっかけになる。まずは「今、子どもに安心できる日常（家庭・学校）があるか」を保護者と確認しよう。

夏休み明けの対応シナリオ

夏休み直前

① スケジュールを立てる

　保護者から夏休みの過ごし方を相談されたり、気になる子がいたりした場合、保護者に子どもと一緒にスケジュールを作ることを提案する。

夏休み中

② 軌道修正をする

　①で立てたスケジュールどおりに生活できないなど、困ったことがあったら保護者に電話をしてもらい、スケジュールの修正を行う。

夏休み明け直後

③ 家庭での様子を聞く

　夏休みの間に保護者の疲労や悩みがたまっている場合も多いので、連絡帳や電話で「いかがでしたか」とオープンクエッションで聞いてみる。その後、起床・入眠時間など、詳しい生活状況を確認する。

④ 学校での最近の情報を集める

　夏休みからのリカバリーに苦労している子がいた場合、その子の負担になっている活動を探るために、時間割表に沿って、1日・1週間の生活リズムや学校生活への参加状況についての情報を集める。

家庭や学校での様子を集めたあと

⑤ 得られた情報をまとめる

　④の情報から、児童本人の目線で「楽しい・つらい時間」、「リスタートに向けて、あると助かる配慮」などをまとめる。

⑥ 学校での姿を保護者に伝える

　必要に応じて、連絡帳や電話などで「本人が安心・楽しく過ごせる場面、ちょっとつらい場面」、それをもとにした学校での配慮・工夫などを保護者に伝える。また、家庭と学校での対応の足並みがそろうように気を配る。

7 学校行事で慌ただしくなる10月
宿泊学習

　慣れない環境や初めて経験することへの対応が難しい子の保護者にとって、子どもが親もとを離れて生活する宿泊学習は不安だらけ。保護者の気持ちに寄り添った準備を考えよう。

Q 宿泊学習での配慮が難しいです

　小学5年生の担任です。1泊2日の宿泊学習の前に発達障害のあるFくんの保護者から「先生、Fへのサポートはこのとおりにお願いします」と、Fくんについて書かれた分厚いサポートファイルを渡されました。パニック時の対処法、食事の制限などがこまごまと書かれており、正直「面倒だな」と思いながら読んでいると、「野菜は極力食べさせない」などと書かれていました。せっかくの宿泊なので「様子を見てチャレンジさせてもよいですか？」と聞いてみたところ、「苦手でできないのがこの子なんです。このとおりにしてください。障害ってどういうことか先生はわからないのでしょうか」と、大変憤慨されてしまいました。

保護者の不安に寄り添って、情報を共有しよう

　校外学習は、予測可能な範囲で日常的な生活から離れた環境で過ごすことに醍醐味がある。ただし、高校の修学旅行で「3年生全員、今着きました。気にしていた天候も大丈夫です」という類のホームページ上の配慮が多い状況からもわかるように、高校生の親であっても「不安がない」わけではない。幼稚園などのお泊り保育から、毎年の遠足……と、小さな成功体験を積み重ねているからこそ、保護者は「期待＞不安」の中で子どもたちを見送ることができる。
　しかし、発達障害のある子の保護者の場合は、過去の体験が失敗に終わった経験も多く、笑顔で帰ってくるイメージを含めて「期待をもちたくてももてない」という苦しい状況に陥りやすい。子どもの安心・安全を第一に、「私はしっかりと子どもを見ます」というスタンスを保護者に示したい。

 保護者の過去と現在に耳を傾ける

　信頼関係が築かれていないのに、不安がっている保護者にいくら「大丈夫ですよ」「チャレンジしてみましょう」と声をかけても、「また失敗するかも」という心配を助長するだけである。「今まではどうだったのか、よろしければお聞かせいただけませんか？」と、過去の経験や今の心配・悩みに耳を傾けたい。

 「聞かれる前の情報提示」で信頼を得る

　初めての場所が苦手な子のために、宿泊先を下見に行く保護者もいるが、それがしたくてもできないという場合もあるだろう。子どものために備えておきたいのに情報がないという状況は、保護者にとってつらいものである。少しでも不安が取り除かれるよう、P.69のような手紙で念入りに情報を共有し、「あの先生は私たち親子のことを気にかけてくれている」という印象をもってもらいたい。

体験後は成功体験をフォローする

先述のように、校外学習に対する保護者の思いは「過去」へ偏向しがちで、なかなか「現在」や「将来（への期待）」に向きづらい。「大丈夫でしたよ」「頑張っていましたよ」という担任の報告を素直に受け取れない保護者もいる。成功体験の積み重ねは、あとからじわじわ効いてくることを信じながら、写真や学級通信を用いた体験後のフォローを心がけたい。

サポートファイルの思いを尊重する

Fくんのサポートファイルには、保護者のさまざまな思いが込められている。もらいっぱなしになったり、せっかくの意図を台なしにしてしまったりする対応は避けたい。

可能なら、①読む→②考える→③保護者へ確認・質問する、のプロセスをとおして、何らかのリアクションを保護者に返そう。こうした対応から「安心と安全を大切に、しっかりと子どもを見守る」というメッセージを保護者に伝えることができる。

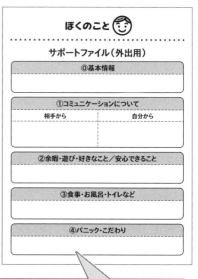

ポイント❶ 読む	ポイント❷ 考える	ポイント❸ 確認
● 知らない情報や学校では目にしない姿も探りながら読む	● 現在の家庭生活での保護者の悩みを探る	● 校外学習に対する過去の経験を知る
●「場所が違えば子どもの姿も変わる」を念頭に読む	● 過去の校外学習での保護者の悩みを探る	● 校外学習に対する現在の保護者の願いを知る

▼ 体験前の情報共有

自然体験教室まであと1週間
「〇〇自然の家ってこんな場所！」

宿泊する「〇〇自然の家」

- 10月8日現在
- 天気　晴れ
- 気温　15度
- 夜はもっと寒くなります

部屋(8人部屋の様子)

浴室(10人ずつ交代で利用します)

野外炊飯場

野外炊飯場では子どもたちだけでカレーを作ります。

近くにある広場は、最終日に行うオリエンテーリングのスタート・ゴール地点です。グループで協力してゴールまで戻ってこられるでしょうか？

昨年度の5年生の感想

自然がたくさんあって、見たことのない虫がいてびっくりしました。
夜、外が真っ暗で、星がきれいに見えました。

外でカレーを作ったり、キャンプファイヤーをしたり、初めてのことがたくさんだったけど、どれも楽しかったです。とくにオリエンテーリングは3番目くらいにはやくにゴールできてうれしかったです。

8 子どもや保護者との関係が落ち着いてくる11月

授業参観

年に数回実施されることの多い授業参観。ちょっとした配慮で保護者からの信頼度を上げられるチャンスである。また一方で、「あっ、この先生、ハズレだ……」と失望される機会ともなり得る。しっかりと準備しよう。

子どもも保護者も満足できる授業参観のポイント

年に数回しかない授業参観は、いつもとは違う状況なため何が起こるかわからないが、保護者にとっても、子どもにとっても満足できる時間にしたいものである。授業参観を成功へ導くための心得をおさえておこう。

 楽しい雰囲気で全員参加を目指す

授業参観では、保護者はみんな我が子の活躍する姿を期待して足を運んできている。できるだけ全員に発言を求めるためには、クラスで座っている列や、班ご

とに指名することも一つの方法である。そのときも必ず児童の名前は呼ぶことが鉄則である。

しかし、なかにはどうしても発言したくないという子もいるだろう。指名する機会がなかった子には、例えば机間巡視の際に「○○くんは、上手に線が引けてるね」などと学習態度を評価するのもいい。

保護者も一緒に考える授業

参観している保護者は我が子だけを見ているのではなく、先生の授業のしかたも見ている。そのため、保護者は子どもと一緒に授業を受けている気分になっているものである。教師が黒板に問題を書いて、指示をする。我が子を見て「ちゃんと板書しているかな。話を聞いているかな」と考える。

このとき、教師の指示が保護者にも伝わらず、「えっ、どういうこと？」「意味がわからない」「難しいよね」と保護者同士が顔を見合わせたら、アウトである。「先生の授業難しいね。うちの子はついていけなさそう」と思われるに違いない。子どもにも、参観している保護者にもわかる授業を目指そう。

授業についてこられない子どもへの対応

授業中に特別な配慮が必要だったり、理解が難しい子どもの場合には、その学習を保護者も気にしていることであろう。保護者はどのくらいの頻度で、教師が子どもに個別に関わっているか、しっかり見ている。

あまりにも長い時間、教師が個別指導していると、保護者は「このクラスではやっていけない……」と自信をなくす。個別指導は、頻度は多くしても、短い時間で行うようにしたい。理解に困っている子どもには、理解の道筋に至るまでの考え方を示した「ヒントカード（P.128）」の提示もよい方法である。

保護者の私語が気になる場合

　授業参観中、廊下で私語を交わしたり、携帯電話で話をしている保護者がいる。これを教室内でやられると、授業をしている教師はたまったものではない。とはいえ、「授業中です。静かにしてください！」と注意するのは、(ほかの保護者も迷惑と感じている場合を除き) やめたほうが賢明だろう。

　廊下の話し声が気になったら、教師は廊下に出て「今日はお越しいただきありがとうございます。教室の中にまだスペースがありますのでお入りください」と声をかけてみる。すると私語がやむ。また、教室の中でのおしゃべりが気になったときは、「今日は、おうちの方が来てくれています。ありがとうございます」と言ってみよう。子どもたちは、一斉に後ろを向いて自分の親を探す。この子どもの目線に気がつくと私語はおさまる。

保護者がうれしいちょっとした配慮を考えよう

　ちょっとした配慮から、保護者が担任に対して安心感を抱くこともある。特に気になる子の保護者の場合、担任が我が子のことを気にして見てくれそうだと思ってもらえることで、信頼関係がいっそう強まる。

Point　掲示物への配慮

　学校の掲示物にもユニバーサルデザイン (障害の有無や年齢、性別などにかかわらず、誰もが使いやすい環境) の考え方が浸透している。目や耳から入る刺激を少なくしたり、教室内の物を整理しやすいよう工夫したりすることがポイントとなる。

　授業中に必要のない掲示物や学級文庫、棚などを布で被うことで、子どもが授業に集中しやすくなる。また、机をそろえる位置や掃除用具の置き場所を決め、みんながもとの位置に戻せるようにするなどの工夫も行われている。

このような配慮を見て理解してくれる保護者もいるだろうが、なかには教室内が殺風景と文句を言う保護者もいるかもしれない。教師の掲示物に対する意図を学級通信などで伝えることも必要であろう。

　また、廊下に掲示物を貼り出す際には、学習の達成だけでなく、日ごろの子どもたちの様子やスポーツや芸術活動での活躍が伝わるようにしたい。このような掲示があると、保護者も教師の姿勢を理解しやすい。

参観者へのさりげない配慮

　参観者のなかには「子どもを抱っこしている方」「妊娠している方」「高齢者」など、教師の心づかいがあればうれしい方もいる。「ご自由にお使いください」という貼り紙をした椅子を置いておいても、使うには気兼ねするので、教師が授業の合間を見て「どうぞ。お使いください」と声をかけてみよう。

授業参観後の感想を学級通信に掲載

　授業参観後に、子どもに感想カードを書かせて、学級通信に掲載するのもよい方法である。時間はあってもなかなか学校に足を運びにくい保護者の参観する意欲を引き出すことができる。同様に保護者の感想を掲載してもよい。

　授業参観後にアンケートの感想を掲載したい場合は、管理職への相談が欠かせない。また、掲載が決まったら個人情報が特定されないよう注意したい。また、子どもたちに、おうちの人への「授業参観の感想インタビュー」をしてきてもらうのもよいだろう。

「想定外」を想定しよう

「どうかうまくいってほしい」と願う授業参観であるが、予想がつかないのが授業参観である。保護者が見ているために興奮して舞い上がってしまう子どもや、保護者が来ていないことで気持ちが荒れてしまう子どももいる。想定していなかった子どもの行動への対応を考えてみよう。

(1) 授業の邪魔をする子ども

授業が始まって、課題が難しくなると、授業についてこられなくなり、ほかの児童の学習の邪魔をし始める子どもがいる。この場合、邪魔をされている子どもの保護者もその行為をしっかり見ているので、見逃すことはできない。
「何か用があるのかな……？ どうしたの？」
と聞いて、行動の自覚を促そう。

授業のあとで、双方の保護者にそれぞれ、いつもの授業の様子や声かけの意味について、伝えておくとよい。

(2) ルールを守らない子ども

授業が始まっても保護者を探してキョロキョロするなどして集中しない子どもや、授業の準備ができていない子どもがいる。その場合には、そばに近寄ってさりげなく伝えよう。
「もう授業が始まっているよ。準備はできているかな？」
この場合、「さりげなく」伝えるということが大切である。保護者やほかの子どもの面前で自分の逸脱行為を公表されるより、「さりげなく」知らされるほうが落ち着くものである。教材を机の中から出したり、隣の子どもにちょっかいを出していたりする子どもがいるときには、きちんと座っている子に
「○○さんはとてもよい姿勢で座れていますね」
と言うと、みんな教師の方を向いて、椅子に座り直す。

(3) 離席する子ども

　普段から落ち着きがなく離席を繰り返す子どもは、授業参観では比較的、じっとしていられる場合が少なくない。むしろ授業が理解できてテンションがあがり、つい立ち上がってしまうような子どもが多い。そのときには、強い言葉で注意するのではなく、
「そうか、Kくんはもうわかったんだね。みんながわかるまで待っていようね。みんなができたら黒板に書いてもらうよ」
と言って席に着かせよう。
　全員がソワソワしている場合は、授業のなかに「動き」を入れてみる方法がある。例えば、ノートに解答を書いた子どもは、先生のところまで行ってから見せて、チェックをもらうことにする。いつもは禁止されている「立ち歩き」が承認され、その後の授業に集中できる。

(4) いつもと違う様子の子ども

　保護者が見ている緊張からか、普段と違って押し黙ってしまい、手をあげられなくなる子どもがいる。あるいは、日ごろも積極的に発言することはないけれども、授業参観では活躍する場を見せたい子どももいる。そのような場合、その子の得意なことで声をかけたり、発言を促したりしてスポットライトを浴びさせよう。
「漢字博士のHさん。新しい漢字の登場ですが……さすが！　もう書けていますね」
「Nくんは植物のことに詳しいから、Nくんに聞いてみようかな」
　スポットライトが当たることで、子どもの自己肯定感がぐんとあがる。また、当該児童の保護者はもちろんだが、それ以外の保護者にも教師がどのように子どもを捉えているかが伝わるだろう。

9 子どもたちの成長を伝えたい12月

学習発表会

　学校行事がある時期は、保護者との直接的、間接的なやりとりが多くなる。ここでは、保護者からの行事にまつわるクレームと、その対応のしかたについて考えてみたい。

Q 学習発表会後のクレームを防ぎたいです

　私が担任をしている小学2年生の学習発表会の演目は劇でした。クラス25人、みんな活躍できる場面がつくれたと思います。しかし後日、Gさんの母親から「娘が集団で踊るところで一人違う動きをしていた。しっかり指導してくれればできるのですが」との連絡がありました。
　たしかにGさんは、環境が変わったり、大きな音がしたりする場面が苦手で、劇の練習に参加できていませんでした。大勢の魚のうちの1匹の役で、当日は、予想外に、それなりに参加できていたので大丈夫だと思っていたのですが、この日から、クレーム攻撃を受けるようになりました。

万一に備えてクレーム対応方法をおさえよう

　学習発表会は、子どもたちが大きく成長する絶好のチャンスである。このチャンスを生かすためには、教師の力だけでなく、保護者の協力が欠かせない。
　そんな大切な機会に保護者をクレーマーにさせないためにも、まずは相手を尊重し、相手の言葉に耳を傾けたい。クレーム対応の際に欠かせない配慮事項を確認しよう。

 専門家意識をふりかざさないようにする

　教師は教育の専門家であるが、保護者は子どもを毎日見ている「我が子の専門家」である。保護者には保護者の自信とプライドがある。教師の専門家意識が強く出ると保護者のプライドとぶつかり、より保護者に不快な思いをさせてしまうリスクが高まる。

 教師と保護者の話し合いの機会を設ける

　多くのもめ事は、相互の理解不足、コミュニケーションの欠如から生まれる。「モンスターペアレント」化してしまうのは、そのようなコミュニケーションが不足していた証といえよう。
　コミュニケーションは、「手紙より電話、電話より面談」が基本。まずは保護者と直接会って、「お子さんが発表会でうまくできるかどうかご心配なのですね。ありがとうございます」と心配を理解し、共感したい。

学習発表会を成功させ、保護者の信頼を得る方法

発表会の前後に保護者の信頼を獲得し、学習発表会を成功させる工夫を紹介しよう。

事前の準備

① 目標を共有する
クラス全体をまとめるには、一つの目標を子どもと教師とで共有することが大切。どんな発表会にしたいのか、どうすれば達成できるのか、全体でやるべきこと、個人がすべきことは何か、まずは子どもたちと共有しておく。

② それぞれに欠かせない役割があることを伝える
発表会にはさまざまな関与のしかたが可能であること、そしてそれぞれが全体にとってどれが抜けてもいけないことなどを練習が始まる前に話す。

③ 不安感を受け止める
昨年度実施した発表会のビデオをみんなで視聴するなどして、環境やスケジュールが変わることに対する不安感を軽減させる。

練習中の配慮

④ 保護者への情報提供
参加が不安な子どもの保護者には、練習での様子を報告し、子どもが練習を休んでも練習内容を確認できるような情報提供を行う。また、クラス全体に向けて、右ページのような手紙で発表会前の様子を伝えておくとよいだろう。

事後の対応

⑤ 子どもと達成を分かち合う
ビデオ、写真などで、頑張った点について「振り返り」を行う。

⑥ 一人ひとりの頑張りを全員の保護者に伝える
我が子の一世一代の晴れ姿に期待を膨らませる保護者に、特定の子だけひいきしていると思われないように、それぞれの子どもの頑張りを学級通信などで伝える。

▼ 子どもの様子を伝える手紙

みんな まあるく げんきよく
〜いよいよ来週発表会！〜

平成小学校
2年1組
12月11日発行

「間違えても、忘れちゃっても、精一杯！！」
を合言葉に、みんなメラメラと燃えています！

　12月20日（金）の学習発表会まで、いよいよ10日を切りました。2年1組の発表は「スイミー」の劇です。衣装や持ち物の準備の件では、保護者の方に多くのご協力をいただきました。本当にありがとうございました。

　練習を始めたころは、セリフや動き方を覚えるのにみんな苦労しており、自分のことに必死でしたが、最近では友だち同士「大丈夫、大丈夫！」「ちょっとぐらい間違えてもいいよ。落ち着いていこう！」と声をかけ合っている姿も見られます。当日は、多くのお客さんを前に戸惑う姿もあるかもしれませんが、子どもたちの真剣な表情をぜひご覧ください。

11月22日「出し物について話し合い」

12月10日「発表練習後の集合写真」

12月20日　乞うご期待！！

連携して支援していくためのキーワード

子どもの成長をみんなで支えるための チーム学校

　子どもが教師のほかにも多様な価値観や経験をもつ大人と接することにより、より厚みのある経験を積むことができ、本当の意味での「生きる力」を定着させることにつながるとして、「チームとしての学校」（チーム学校）の実現が目指されている。

　なかでも、「家庭、地域との連携・協働によって、共に子どもの成長を支えていく体制をつくることで、学校や教師が教育活動に重点を置いて取り組めるようにすることが大切」である。

　学校全体で保護者や地域と連携をとることは、子どもの成長を支えるために必要であり、またそれによって多忙な教師が本来の教育活動に注力できるのだと考えれば、保護者連携を積極的に行うモチベーションアップにもつながるだろう。

配慮の必要な子への支援体制を整える 校内委員会

　発達障害のある子どもなどに適切な支援を考えるとき、担任が一人で抱え込むのではなく、学校全体で子どもの状況を理解・共有するための支援体制を整える必要がある。そこで設置されるのが、特別支援教育コーディネーターや学級担任などで構成される、特別支援教育に関する校内委員会である。校内委員会では、配慮が必要な子どもの実態把握や支援方法の検討を行うほか、必要に応じて関係機関との連携体制を整える。

　特に小学校では、発達障害などの早期発見・早期支援が重要であり、実態把握や必要な支援を学校や家庭で着実に行うことが求められている。通常学級においても特別な支援が必要な子がいるのが当たり前であり、その保護者と十分に話し合い、支援や配慮を連携して行うことは、教師や学校にとってできればやることではなく、マストなのだと肝に銘じたい。

第3章

困ったときの
ケース別対応

日常生活や行事での対応が順風満帆でもトラブルが発生することはある。
どのように対応すればよいのか、判断や返答に悩むことも出てくるだろう。
この章では、実際に教師が困ったケース別に、対応策を紹介していく。

1 問題が大きくなりがちな
保護者同士のトラブル

 学校外での保護者同士の
トラブルを相談されたら？

うちのAは、Bくんと同じ塾に通っています。AはBくんが塾で隣の席になるとちょっかいを出されて集中できないと言います。高い授業料を払っていることもあり、私からBくんの家に電話をしました。

「塾でBくんにちょっかいを出され、困っているとうちの子が言うんです。Bくんは学校の授業でも落ち着いて話を聞くことが苦手だそうですね。Bくんには、Bくんに合った塾に通えばいいのではないですか……」

Bくんのお母さんはひたすら謝っていましたが、後日、お父さんがうちに電話をかけてきて、「Bに合った塾とはどういう意味だ！」と、一方的に怒鳴られ、話になりませんでした。先生、間に入ってなんとかしてください。

保護者同士のトラブルを解決する基本

　このケースでは、これを機に双方の父親・母親を巻き込んだトラブルに発展し、一触即発の状態で２学期がスタートした。

　そもそも保護者は、自分の子どもが話したことを情報源として問題を判断することが多く、自分の子どもは被害者、悪いのは相手、と思ってしまうことがある。クラスの中で発生したトラブルであれば、問題が大きくなる前の対応も可能であったが、学校外の話では無理というもの。その間に火は大きくなって、すでに手がつけられなくなっていたのである。

　裁判官のように両者の是非を判定するのは、教師の務めではない。とはいえ、「一応、話はおうかがいしますが、どうぞそのあとは保護者同士で話し合ってください」というような逃げ腰の態度では絶対にうまくいかない。のちのちクラスが崩壊する要因になる。

保護者同士のトラブル発生時にやってはいけない対応

　保護者同士のトラブルは、対応を間違えると、問題が大きくなりやすい。まずはこれだけは避けたい対応を確認しよう。

①誤解の助長

　「どんな子にもそれぞれ課題があるのです。理解してあげてください」

　何の根拠もなく、たんに同情を求めるような説得は、根本的な解決にならないばかりかさらなる誤解を助長する。

②問題のすり替え

　「子どもはみんな平等です。みんなに自分が行きたい塾に通える権利があります」

　そもそも、問題がすり替わっており、保護者間のトラブルの解決にはつながらない。

③批判に同調

「実はほかにも困ったことがあり、たびたび家庭には連絡しているんですが……」

一方の保護者は納得するかもしれないが、他方の保護者は孤立し、担任も我が子のことを理解してくれないと責めるだろう。

④安請け合い

「わかりました。今度、電話をしておきますね」

双方の保護者は、情報の共有を望んでいるわけではない。なんら方策のない安請け合いは、保護者からの信頼を失墜させるだけである。

⑤相談を非難

「トラブルが起きたときは、たいていどちらにも悪いところがあるものです。自分のお子さんが本当に正しかったか聞いてみてください。お子さんにも問題があるはずです」

せっかく相談したのに、まるで相談したこと自体が悪いと言わんばかりである。ましてや自分の子どもが悪いと言われているようで、はなはだ気分を害する。

保護者同士のトラブルを解決する方法

保護者間のトラブルの解決に当たっては、初期対応が大切。一方の子どもや保護者の味方に立ったり、憶測や伝聞で判断したりしないこと。安易な判断や対応は問題をいっそう難しくする。

問題をこじらせないためにも、次のポイントをおさえて対応したい。

Point 理解を示し安心感を与える

「そんなことがあったのですか。それは心配ですね。お知らせいただきありがとうございます」

保護者が感情的になっている場合は、話をさえぎって無理に落ち着かせようとしたり、話を勝手にまとめたりするのはよくない。教えてくれたことに「感謝」し、

保護者の感情に「理解」を示す。これは「同調すること」ではない。自分の話を聞いてもらえるということが、保護者に「安心感」を与えるのである。

少し時間をおく

「まずは子どもたちから状況を聞いてもよろしいですか」

　保護者がカッカとしているときでも、当の子どもたちは意外と気にしていないことがある。また、双方の保護者も我が子可愛さゆえの言動であったが、時間をおくことで（表面的には）冷静になることもある。ただそれをもって解決としてしまうと、問題を先送りしただけだと思われるので注意しよう。

学校全体で子どもたちを支援する姿勢を伝える

「（困っているのは、子どもたちである、ということを確認したうえで）クラスでは、みんながしっかり学習できるように支えていこうと思います」

　問題は保護者の面子やプライドなどが入り交じって混沌としているが、「大切なのは子ども」であることを、保護者にも確認してもらう。そのためには、クラス、学校で具体的にどのような支援が可能であるか、学年主任、特別支援教育コーディネーター、さらには学校長なども含め、話し合っておく必要がある。一人で抱え込まないで、管理職を頼ろう。

A 保護者の感情に理解を示し、安易な解決策の提示よりは「安心感」を。できない約束は口にせず、早めに管理職に相談しよう。

2 伝え方に配慮したい
子ども同士のトラブル

 子ども同士のトラブルを保護者に
どのように伝えるべきか悩んでいます。

　小学3年生の担任です。ある日の休み時間に、子どもたちがCくんがDさんを泣かせてしまったと報告に来ました。Cくんに話を聞くと「Dさんが悪口を言ってきた」と言うのですが、Dさんは「何もしてないのに勝手にCくんが怒ってたたいてきた」と言います。私はそのうち仲直りできるだろうと思っていたのですが、職員室で同僚にそのことを伝えると、「Cくんは以前から友だちとのトラブルが多いから、対応にも配慮が必要だと思うよ。保護者に連絡をしておいたほうがいい」と言われました。しかし、保護者に何をどう伝えたらよいものかと悩んでいます。

▲▼▲▼▲▼▲▼▲▼▲▼▲▼▲▼▲▼▲▼▲▼▲▼▲▼▲▼▲▼▲▼▲▼▲▼
気持ちに寄り添った対応を考える
▽▲▽▲▽▲▽▲▽▲▽▲▽▲▽▲▽▲▽▲▽▲▽▲▽▲▽▲▽▲▽▲▽▲

　実際には、どちらにも非がある場合もある。しかし、子どもたちが困っているにもかかわらず、教師が何もしないというのでは無責任だろう。ここでは、担任としては「クラス内で起きた子ども同士のトラブル」にどう対応すべきか、その基本を確認したい。

 子どもへのフォローを忘れずに

　小学校の中学年にもなると、自分が置かれた状況や感情も意識したうえで、もしつらい状況に追い詰められたら「その場から離れる」「顔を洗う」「先生や保護者、友だちなど親しい人に話す」など、自分を調整する方法を徐々に身につけていく。ただ、発達に課題があり、それまでにも友だちとトラブルになりがちだった子どもは、そうした自己調整をする力が乏しく、失敗経験とネガティブな記憶だけが蓄積され、心に深い傷を負ってしまうことも少なくない。
　子どもたちが学校で起こすトラブルは、担任としては、保護者の顔も浮かぶ困った状況である。ただ、子どもの側はもっと深刻な事態に追い込まれているかもしれない。トラブルの深刻度を安易に決めつけず、まずは子どもたちの目を見て、言い分を丁寧に聞きたい。

 中途半端な報告は逆効果

　トラブルに関わる子どもの数が増えてくると、意見の食い違いも多くなり、なかなか問題を整理できなくなる。ただ、教師が事態の要点を得ないまま、不安や不満を抱えた子どもたちが家に帰ると、その後どうなるだろうか。自分の過去の経験を言葉で語ることが苦手な子もいるが、「基本的に我が子が正しい」ことを前提とする保護者は、子どもからの断片的な情報から、トラブルの全容を把握し

ようとする。そうなると、本来一つであった事実も、家庭ごとに解釈が変わってしまうだろう。事態が起こる直前の状況からトラブルに至るまでの事実整理については、できるだけ、子どもが家に帰ってしまう前に丁寧に行いたい。

今回のケースのその後

今回のケースは担任が見ていない休み時間に起きてしまった。CくんもDさんも状況を知らない担任に「自分が正しい」ということを伝えようとして、話し合いの最中も言い争いが起きてしまうような状況であった。その結果、担任はどちらの話も十分に聞くことができなかった。

こうした事態を避けるためにも、基本的には一人ずつ話を聞くようにしたい。特に、Cくんのように配慮が必要な子どもの場合、問い詰めたりせずにゆっくり話を聞く必要がある。個別に聞くのが難しい場合も、「どちらかが話をしているときには最後まで聞く」など、ルールを示して話を聞こう。またこの際、両者の言い分は平等に扱うことを忘れないでほしい。

複数の子どもがトラブルに関わっていた場合も同様に、子ども一人ひとりから「いつ、どこで、何が起こったのか」「何をされたことが嫌だったのか」「何をしてしまったのか」「自分の行動に悪いところはあったのか」などを聞きながら、内容をメモしておくとよい。あとで保護者に報告するとき、「子どもから聞いた話と違う」というような事態になることだけは避けたい。右ページの「保護者への報告ポイント」を参考に、子どもにも保護者にも誠実な対応を心がけよう。

子ども同士のトラブルを報告しなければならないときは、まずは子どもと保護者の気持ちに寄り添った伝え方を考えよう。時がたってからの事後報告やトラブルの原因を子どもの障害や特性、また保護者の子育てに直結させる発言は絶対にNGである。

▼ 保護者への報告ポイント

ステップ ❶ 事実を整理しよう

- 過去の思い込みや偏った認識に気をつけて、中立的な立場で聞く。
- 基本的にはトラブルに関わった子ども一人ひとりから個別に話を聞く。
- 配慮が必要な子どもは状況説明など、経験を語ることが難しい場合もあるので、「しっかり聞くよ」という態度を示す。
- 聞き取った内容は時系列に沿った形で記録する。
- 事実整理もしつつ「子どもへのフォロー」も忘れずに。
- 複雑な事態では、ほかの教師や学年主任、生徒指導担当者、管理職などからも意見をもらう。その際、過去のトラブルとその経緯も合わせて伝える。

ステップ ❷ 保護者へ状況を伝えよう

- 基本的に「起こったことは、その日のうちに」伝える。
- 丁寧な状況報告をしないまま、トラブルの原因や理由を決めつけないようにする。
- 時系列にそって事態を整理した記録や、子どもたちの主な状況・発言などをメモした記録を手もとに置きながら報告を行う(特に電話)。
- 電話で報告する際は、かける前に座って「一呼吸」+「子どもや保護者の過去のトラブル経験の想像」+「予期せぬ事態が起こるかもしれないという心構え」を忘れない。
- 状況を見ていない保護者のために、子どもの姿や気持ちにも言及し、「先生はきちんと見てくれている」という安心感をもってもらう。

ステップ ❸ 報告したあとのフォロー

- 後日、「その後○○さんのご家庭での様子はいかがでしょうか?」などのフォローを欠かさない。
- 学校でのトラブルがあったあとの経過、あるいはトラブル防止のための取り組みについても伝える。

3 ケースに応じて対応を考えたい
学校での持ち物の紛失

Q 学校で子どもの持ち物を
ほかの子が紛失してしまいました。

　小学3年生の担任です。EくんがF同じクラスのFさんから借りた消しゴムをなくしてしまいました。Eくんも悪いことをしてしまったと思ったようで、小さな声で「ごめんね……」と謝りましたが、結局消しゴムは探しても見つからず、連絡帳で状況をそのまま保護者に伝えました。すると翌朝、Eくんの保護者が「申し訳ありません。これで好きなものを買っていただくようお願いします」とお金と反省のお手紙を持ってこられました。さすがに現金はと思い、お返ししましたが、どのように対応すればよかったのかと、悶々としています。

ケース・バイ・ケース、でもベターな対応に向けた心構え

　弁償に限って言えば、この事例では「そこまでする必要はないのでは」と思うかもしれない。ただ、なくしてしまったものが相手にとってとても大切なものだったらどうであろうか。あるいは一度や二度に限らず、何回も起きていたらどうだろうか。

　状況によっては、「弁償」もあり得るかもしれない。結局はケース・バイ・ケースで、学校としての方針や保護者がどのような対応を求めてくるかで今後の対応が決まるだろう。ここでは、学校で持ち物が紛失した際、保護者からどのような対応を求められることがあるのかを確認したい。

CASE 「全員の持ち物を確認してください」と求めてきた場合

　教師としては最初から「児童の誰かが持っているのだろう」という前提での対応は望ましくない。しかし、持ち物が見つからなかった場合、「全員の持ち物の確認」を求める保護者もいるだろう。

　持ち物のチェックは、プライバシーの意識が高い保護者に受け入れられない可能性もあるので避けたい。ただ、どうしても実施しなければいけない事態になった場合は、管理職に相談し、学校のルールに沿って対応しなければならない。

CASE 賠償を求めてきた場合

　学校内の紛失については、教師に落ち度がない場合は、教師個人や学校に賠償責任がないこともある。賠償を求める訴えをしてきた保護者がいる場合は、まず保護者が何に納得がいかないのか真摯に耳を傾けたうえで、学校の方針を伝えよう。

CASE いじめじゃないか、と犯人捜しを求めてきた場合

　実際に確証がある場合、誰かが隠したことを前提に「犯人捜し」を行う教師も多い。ただ、「疑っているわけではないが」と言いつつ「隠した人を捜している」という本音が伝わり、クラスの雰囲気が悪くなることもある。どうしても行う場合は、「〇〇さんが困っている状況を、クラスのみんなにもわかってほしい」という、担任の思いを伝えたうえで、実施したい。

CASE 「子どもにはよくあることなので」と伝えてきた場合

　「ホッ」とするありがたいひと言のように思えるが、何もせずそのまま放置、というのはよくない。万一いじめが発覚すれば保護者の落胆や不信感はとても大きく、「以前もあったみたいだけど、先生はうまく対応できなかったみたいだよ」と、いらぬうわさが立つこともある。

　どのようなケースでも、まずは子どもや保護者の立場に立って考え、対応しよう。「子どもの大事な持ち物がなくなってしまったことは本当に残念」という姿勢を見せることが大切である。「ほかの先生とも協力して、学校中いろいろなところを探しました」と努力を伝え、誠実な対応を示すことを優先したい。

配慮が必要な子の保護者の心境は……

　ここで視点を配慮が必要な子どもを育てる保護者に向けたい。教師が「そこまでしなくても」と思うほどの対応（弁償）を示したＥくんの保護者。聞けば、Ｅくんが幼稚園に通っていたころから、ずっとこのようにしてきたのだという。

　配慮が必要な子どもの保護者は、就学前から子どものトラブル（をきっかけとする保護者同士のトラブル）を何度も経験している場合がある。「幼稚園のころには友だちとよくケンカをしていたけれど、学校に入って勉強が中心になって少し落ち着いたかな……と思っていたら、大人の目が離れる休み時間や放課後でのトラブルが増えた」と、入学後も続くトラブルに悩む保護者もいる。こうした経験は、Ｅくんの保護者のような過去に受けた理不尽な対応を想起したトラブルでの過敏な反応や、攻撃的（防衛的）な対応などの「極端なかまえ」の形成に発展することがある。

　保護者のこれまでの経験は教師からは見えないものである。だからこそ、保護者の抱えている思いに寄り添えるよう、教師側が留意しておきたい。また、失敗経験になりがちなトラブルの中でも、「自分の意見を言えた」「我慢できた」「自分から助けを求められた」「友だちの言い分を聞けた、聞こうとした」など、子どもの感情のコントロールや事態に向き合おうとする肯定的な姿勢が見えるときがある。こうした子どもの成長を共有できると、保護者も希望の光が見いだしやすいものである。

子どもの持ち物がなくなったときの反応は保護者によってさまざま。どのような場合でも問題がこじれる前に対応しておきたい。いざというときに動揺してしまわないためにも、年度の初めに子どもと保護者に、持ち物の管理と紛失時の対応について、学校としてのルールや方針を伝えておくのもよいだろう。

4 保護者連携が欠かせない
登校しぶりへの対応

登校しぶりのある子とその保護者に
どのような対応をするべきか悩んでいます。

　小学5年生の担任です。1月になってから学校を休みがちなGくんは、朝、学校に行きたくないと言うとのことで、保護者が一緒に登校しています。保護者からは「クラスで、仲間はずれになっていないでしょうか？」「授業についていけない様子はないですか？」などという相談もありましたが、そういった事実は確認できませんでした。校長を交えた面談でもそう伝えました。しかし、納得されていない様子で、登校後もクラスに残り、授業を参観していくようになりました。

登校しぶりの背景

登校しぶりの要因は子どもによってさまざまである。例えば次のようなことが考えられるだろう。

- 学習に遅れがあり、授業についていくのが難しい
- いじめや友だち関係でのトラブル
- 宿題やテストなどが負担になっている
- 運動が苦手で体育の授業に参加したくない、漢字テストの前に緊張してしまうなど、特定の活動に不安を抱いている
- クラスに苦手な子がいる
- しばらく学校を休んでいたら、教室に入りにくくなってしまった
- 睡眠が十分にとれず、朝起きられないなど生活リズムが乱れている
- 運動や勉強で期待されることがプレッシャーになっている

保護者対応ではなく連携が必須

上記のように、子どもによって原因は異なる。本当に子どもを悩ませている問題にたどり着くためには、「対応」ではなく、保護者との「連携」が欠かせない。

Point　学校に子どもの居場所をつくる

しばらく学校へ行くことができていない場合、もともとの要因が何であるかにかかわらず、教室へ戻ること自体が子どもにとって大きな負担になるだろう。今回のケースの場合は、教室とは別に子どもが安心できる登校場所を用意した。養護教諭と連携して保健室へ通えるようにするほか、校長室に子ども向けの本をたくさん用意して、子どもが通いたいと思えるような場所をつくった事例もある。

どのように対応していくのがよいか、保護者やほかの職員と話し合いながら考えたい。

Point　保護者との連携でおさえておきたいこと

　何よりも大切なことは、学校へ来られなくなっている子どもと学校とをつないでくれている、保護者との関係を途切れさせないことである。そのためにも、下記のポイントをおさえて、日ごろから保護者との信頼関係を築いていきたい。

保護者との連携ですべきこと

- 家庭訪問などで保護者と面談する。
- 教職員で対応策を話し合い、情報を共有しておく。
- 保護者の気持ちを受け止め、共感する。
- 問題が解決できるよう、今後も連携していきたいと伝える。
- 家庭での子どもの様子で気になることがあったら、どんなささいなことでも相談してもらうようにする。

保護者に不信感を与える発言はしない

- お子さんにも問題があるようです。
- 家庭での甘やかしが問題です。
- 原因は絶対にいじめではありません。
- どこかに相談されてはどうですか。

今回のケースの背景

　実はGくんは、就学前から筆者の大学で教育相談を受けており、保護者とも知り合いであった。保護者は何度も学校に相談に行っていたそうであるが、担任はGくんのクラスでの不注意傾向やトラブルなどの課題を伝えてくるばかり。納得できない保護者は、教育委員会の職員の立ち会いのもと、校長と面談したという。
　校長は、「お子さんのクラスは元気のいい、やんちゃな子が多くいます。お子さんは物静かなタイプですので、児童の中にはコミュニケーションの手段としてついつい手が出たりする子はいるかもしれません。ただ悪気はないと思います」と返答したという。この答えにやはり合点がいかないとして、「我が子を守るために」毎日の授業参観になったのだという。
　残念ながら、登校しぶりの要因がいじめにある場合もある。今回のケースのように「いじめではない」と決めつけずに事実確認を行うこと、保護者と学校側の認識にズレがないか確認することが大切だろう。

 登校しぶりの要因はさまざまである。どのような場合であっても、保護者と話し合いながら子どもの登校をさまたげている問題を解決したい。

5 慎重に迅速に対応したい いじめ問題

Q いじめが起きていたことに気づくのが遅れてしまいました。

　おとなしくて引っ込み思案な小学5年生のHくんは、2年生のころから何度もいじめにあってきたそうです。5年生に進級し、私が担任になってからはいじめが起きていないと安心していたのですが、実は学校外で友だちとのトラブルが頻繁に起こっていたことを別の児童の保護者が知らせてくれました。どうやらHくんの保護者は「先生に言ったってどうにもならない」と担任や学校に期待することすらやめてしまっていたそうです。Hくんの母親は問題が起こるたびに、自分で解決しようと一人でHくんをいじめた子の家庭に出向いていたとのこと。信頼して相談してもらえなかったことはショックですが、今からでも何とか力になれないでしょうか。

保護者の姿から寄り添い方を考える

「うちの子がいじめられている/いじめている?」と悩む保護者がどのように対処しようとするのか、いくつかのパターンを紹介する。

パターン1
担任よりも療育先の相談員を信頼している、aくん(小2男子)の母親

aくんが友だちにからかわれることは就学前にもあり、その当時から母親が療育先の指導員に相談していた。ここ数日のaくんの様子からいじめを心配した母親は、今回も療育先に電話で相談。指導員から「実際に見なければわからない」と助言を受け、担任に教室参観の要望を伝えた。

パターン2
夫婦で意見が食い違い、担任への当たりが強くなった、bさん(小6女子)の母親

bさんは学校や家庭内でのトラブルが増えていた。母親は夫に相談するも「原因は養育上の問題にある」と責められてしまう。そんなとき、担任から「最近、bさんの友だちへの言動が行き過ぎています。家庭で何かありましたか」と言われ、「それって私が悪いってことですか。クラスで起きていることはクラスで対応してください」と反論。以後、学校と連絡を取ることをやめてしまった。

パターン3
困ったときの対処法を子どもに伝えている、cくん(小1男子)の父親

cくんは就学前から友だちとのトラブルが多く、日ごろから父親がcくんに困ったときの対処法を伝えていた。ある日、友だちにちょっかいを出すことが続いたとき、担任から「学校ではちょっかいを出してしまったらすぐに謝るよう指導しています」と報告を受けた。しかし、父親はcくんに「謝る前に、なんでそうしてしまったのか、ちゃんと言葉で伝えようね」と教えていたため、担任に「その対応では子どもは納得しないと思うんです」と強い口調で言い返した。

我が子にいじめの影が見えたとき、保護者は誰しもネガティブな感情を抱える。多くの場合、そうした感情はそのままにはできず、いったんは外に出る。早い段階で担任に相談してもらえる関係を築きたいところだが、保護者がどう対処するかは、パターンにあるようにさまざまだ。

　また、下線を引いたところ以外は、すべて担任の見ていないところで起きている。こうした見えない部分に気づくことは、保護者との関係を築くうえで重要だが、担任一人ではどうしても気づくことができない。次のポイントを押さえつつ、学校全体の体制も踏まえ、対応したい。

保護者の対処パターン例	想定される状況	ポイント
①・②のパターン 担任以外の人（親しい人）と相談している	・保護者のとる対処行動が親しい人からの助言の可能性 ・相談相手が頼りにならなかったとき、心が不安定（特に配偶者）	・身近な人とのつながりの把握 ・悩みをいったん外に吐き出している ・保護者の考えがすでにまとまっている可能性に注意
Qのパターン 自力で当該児童（いじめ相手）に対応している	・ほかの保護者との間でさらなるトラブル発生、孤立状態 ・子ども同士は、すでに仲直りしていることがある	・情報が乱れやすいので、ほかの教師の協力を得ながら対応すべき
③のパターン 困ったときの対処法を子どもに伝えている	・親と子との間では信頼関係が築かれている ・独自の決まりごとがある可能性（例：○○くんとは遊ばないなど）	・家庭での決まりごとと学校の方針との違いで、子どもが板ばさみにならないように気をつける

保護者も子どものためにどうにかしようとしている。ただし、その対処のしかたは保護者によってさまざまで、担任には背景が見えづらい。学校全体で問題を解決しようとする姿勢が、子どもを支えるパートナーとしての関係づくりにつながるだろう。

いじめ問題に関わる対応ステップ

ステップ 0　事態の発見

- 誰からの情報なのか確認（5W1Hを意識する）

発達障害を前提とした際の追加確認ポイント

発達障害のある子がいじめに巻き込まれるリスクを理解し、「いじめ情報キャッチ」のアンテナを日ごろから張る。

ステップ 1　実態把握／家庭への連絡

- 管理職などへの速やかな報告
- 家庭への速やかな報告
- 関係する人（当該児童含む）からの正確な事実確認
- ほかの教師を含めた広範囲に及ぶ事実確認

この時点で、保護者への報告や聞き取りを行う場合、下記のような状況の確認もしながら、慎重に行う。

① 保護者の信頼する人とのつながり方
（配偶者・親族・友人・療育指導員・親の会）
② 過去（幼児期以降）のいじめやトラブルの経験
③ （言葉で伝えることが難しい子どもも多いため）子どもを仲介して保護者にどう伝わっているか／どこまで知ることができているか

ステップ 2　検討

- 対応の明確化
- 教職員同士での対応の共有、役割分担

校内委員会や関係する分掌で対応していくなどの多様な対応方法を検討する。
（リスクが多いと、一つの解決策だけでは難しい。）

ステップ 3　対応

- 当該児童への対応
- 保護者への対応の説明と情報共有

マメな報告・連絡・相談を行う。

6 結果ばかり気にされがちな
成績評価方法の説明

Q 成績について不満を言われ、どのように対応するべきか悩んでいます。

　小学6年生の担任です。成績表をつける時期が来て頭を悩ませています。発達障害の診断を受けているIさんは、学習の定着が難しく、また、忘れ物が多いので、前学期の成績表では、◎、○、△の3段階評価のうち△が目立つ結果となりました。しかし、成績表を見た保護者から、「うちの子なりに頑張っているのにどうしてですか？　この評価では本人もやる気をなくしてしまいそうです」と言われてしまいました。△がついている教科は、私が指導や評価を行っていない音楽や家庭科も含まれています。Iさんの課題について理解をもらうべきかと思い、ほかの教師に相談しましたが、「保護者に言われたからといって手心を加えるのはどうか」と言われました。

成績表に込めた思いを伝えるには……

　成績表をつける時期は、教師にとって憂鬱な時期である。児童生徒はもちろん、保護者も子どもの学習の結果に一喜一憂する。成績表といえば、たんに評価しておしまい、というわけにはいかない。子どもたちを評価する「所見」の記載も求められるからである。

　所見には、文部科学省によると、「児童の成長の状況を総合的にとらえる」ために、「児童の優れている点や長所、進歩の状況などを取り上げることが基本となるよう留意すること」。また、「学級・学年など集団の中での相対的な位置付けに関する情報も、必要に応じ、記入する」必要があるとされている。学習の達成状況だけでなく、多角的に児童生徒を評価することが求められている。保護者にも、段階による「評定」だけでなく、広く教師の思いをくみ取ってもらいたいところである。

　成績表に込めた思いを保護者へ説明する際のポイントを紹介する。

Point 「関心・意欲・態度」をターゲットにする

　なかには、成績はテストだけで評定が決まると思っている保護者もいる。しかし、実際には観点別に評価を行っており、この組み合わせによって総合的な成績が決まることを説明する必要がある。例えば、成績表の中の社会科の成績なら「関心・意欲・態度」「思考・判断」「観察・資料活用の技能」「知識・理解」の４つの観点から評価される。

　「知識・理解」の観点では、テストの影響が大きいが、「関心・意欲・態度」では授業中の挙手の回数や調べ学習での取り組みが評価される。そのため、「授業中に積極的に挙手をして発言回数を増やす」ことが重要であることを保護者（や児童）に理解してもらう。

　授業中のペア学習やグループ発表なども評価の対象になるので、教師は対象となる生徒の隣の席、あるいは所属するグループなどにできる範囲で配慮したい。

また、「課題などの提出物を、毎回必ず期日までに提出すること」が欠かせないと伝えたうえで、提出物・忘れ物予防のためのチェックシートなどを配布し、保護者にも一緒に確認してもらうとよい。
　図工・音楽などの芸術系教科のように数値化しにくい教科については、やはり「関心・意欲・態度」がとても重要になり、児童本人の心がけしだいで変化が見えやすいことを伝えよう。

「所見」の記述を使い分ける

　所見の記載には工夫が必要である。「落ち着きがなく、授業中もほかの子にちょっかいを出して注意を受ける」児童でも、「活発で面倒見がよく、純粋なところがあり、堂々としています」など、基本的には「よい表現」でしか書かれない。「注意散漫」よりは「好奇心旺盛」、「好き嫌いが激しい」よりは「好きなことに一生懸命」が好まれよう。また「頑張ってくれました」などの受身な表現は児童の主体性が低いということであまり用いない。
　ネガティブなことはほとんど書かれないが、ほかの子どもの学習を妨害したり、極端に授業参加が消極的な場合には、「ほんのりにおわせる」教師もいる。そのように保護者に事実を伝えることも、場合によっては必要であると考えているからだろう。
　甘言密語で弄して児童の実態を隠すことは、本来の成績表の意味をなくしてしまうばかりでなく、いざ進級・進学を考える際に、保護者と教師との認識のギャップを大きくする火種にもなりかねない。

ほかの教師に説明する

　学校によっては、図工や音楽などの教科を担任以外の教師が教えている場合もあるだろう。発達障害のある子どもにとっては、授業の進捗方法が教師によって異なるため対応が難しい、児童の特性について教師の共通理解を得られていないことが少なくないなどのために、努力が成績に結実しないことが多い。

「成績に手心を加える」必要はもちろんないが、対象児童の認知特性、困り感、そしてその子なりの努力や進学の意向などについて、教師間で共有しておく必要があるだろう。

 成績表を渡した日、保護者から問い合わせの電話がかかってくるかもしれず、電話に出るのが怖いという教師もいる。しかし、成績表は教師が子どもをしっかり見ているという「証」なのである。自信をもって対応したい。

7 家庭でフォローしきれない！宿題へのサポート

Q 宿題をやってこない子どもの保護者にもっと協力してもらいたいです。

　小学1年生の担任です。いつも宿題を忘れてくるJさんの保護者から「先生の出す宿題がうちの子には難しすぎるみたいです」と相談を受けました。また、Kくんの保護者からも「集中力が続かず、宿題をやらせるのが負担です。量を減らしてください」と言われてしまいました。宿題は、例えば算数ドリル1ページと絵日記のように、30分以内でできる内容にしていますし、ほかの保護者からは家庭での学習習慣を身につけさせるためにもきちんと出してほしいとの要望があるので、JさんやKくんにも同じように宿題ができるようになってほしいと思っています。どうすればよいのでしょうか。

家庭学習を支えるには？

　家で子どもに宿題をさせようと苦労している保護者に、それでも協力してほしいのであれば、教師にもそれなりのサポートが求められるだろう。その後の対応をきちんと考えたい。

Point　環境の違いを理解し、保護者の工夫を認める

　教師が子どもに宿題を出すときに、その想定と子どもの実際の姿は、往々にしてズレるものである。家庭と学校とでは学習環境も異なる。椅子や机、その配置、つらいときに過ごすスペース、きょうだいやテレビの有無などによって、子どもの学習のしやすさも変わってくる。いずれにしても学校と同じ状況で学習することは難しいだろう。特に、配慮を要する子どもの場合、学校と家庭とのズレは顕著で、学校では落ち着いて課題に取り組めていても、家では宿題が大作業になってしまうということもあるので注意したい。

　そんななかで、子どもが課題につまずかないように、あるいはつまずいても立ちあがることができるよう、保護者は家庭でさまざまな工夫をしている。なかには、とてもささいなものや、「えっ、そんなやり方は学校ではできない」というものもあるだろう。しかし、それらは保護者が我が子との歴史を重ねるなかで探り当てた、貴重な工夫であるという点を大切にしたい。

Point　家庭での学習状況を確認する

　学校と家庭において、立ち居振る舞いに違いがあるのは当然。家庭訪問などで実際に子どもの家庭での様子を確認する機会がある場合は、「のびのびと生活する親子をじっくり観察させていただく」とよいだろう。しかし、そういった機会がないのであれば、保護者からの話を頼りに家庭状況を把握する必要がある。

右に、JさんとKくんの保護者から聞き取りをした「宿題のプロセス」を示した。宿題という一つの活動も、子どもの知的・認知・身体的特性との関係の中で、多様に展開されていることがわかるだろう。

　「宿題に困っているんです」という保護者の要望も、その中身は人それぞれである。そうした「それぞれ」に応じることができれば、担任と保護者との距離も近くなるかもしれない。「それぞれの宿題場面」＝「出される宿題」×「子どもの特性」×「家庭の状況（保護者を含む）」という理解において、特に後者の二つがどう影響するのか、学校という環境にいるとイマイチ予測しにくい。

聞き取りを行い、支援につなげる

　「宿題のプロセス」を記録するときには、「やはりご家庭と学校では環境が異なるかと思います。宿題の内容を具体的に相談させていただくためにも、まずは、お子さんが学校から帰ってから宿題をするまでの行動を簡単に記録していただけないでしょうか」などと、協力をお願いするとよいだろう。

　大人はよく「手洗い・うがいをしたら、おやつを食べていいけれど、宿題は早めに済ませてね」というように複数の活動を一度に指示する。しかし、一つの活動は、実はそれぞれさらに細かい行動のつながりで成り立っており、特に配慮が必要な子どもは、それらのつながりのどこかでつまずいていることが多い。

　家庭で宿題をするときを含めて、そのほかの活動に必要な移動（動線）がどのようになっているのか、そのどこでつまずいているのかを、細かく分析する。その理解を保護者と共有したうえで、具体的な支援方法を家庭状況に合わせて提案したい。

多くの場合、保護者も家庭で無理なく宿題に取り組んでほしいと望んでいることだろう。子どもの家庭での様子を聞きながら、保護者と一緒に改善策を探っていく必要がある。

▼「宿題のプロセス」例

Jさん	[保護者の訴え] 宿題をしている姿を見ると「この問題はうちの子にはできない」と感じますが、どうしたらよいのでしょう。			Kくん	[保護者の訴え] 子どもが遊ぶ気満々ななか、どうにか宿題をしてもらおうと、ランドセルから宿題を取り出し、並べ、子どもに見通しをもたせようとしているのですが、集中力が続きません……。	
時刻	保護者の動き	困り感	時刻	保護者の動き	困り感
14:20	帰宅 ↓		14:20	ランドセルを玄関に投げ入れ帰宅したKと兄をしかる ↓	
15:10	宿題を出させる ↓		15:10	「宿題してから遊ぶよ」 ↓	気持ちを切り替えるのが苦手
	「今日の算数ドリルはどこから?」 ↓			文句を言うKに「今日の宿題は何?ランドセルから出して」 ↓	見通しをもつことができない
	1問目から取り組ませる ↓	宿題と学習レベルにギャップがある		「宿題カゴ」に宿題を並べる ↓	
	「わからない」と泣くJをなぐさめる ↓			算数ドリルに取り組ませる（算数はさっとできる） ↓	
	余白に具体物を書き、数えて計算させる ↓		15:55	「さあ、次は何かな」「絵日記するよ」 ↓	
15:45	10以上数えられないのに、2桁のたし算が出て困る ↓	数概念の未形成		「今日は学校でどんなことした?」 ↓	
	「あとはJができないからお母さんが教えるね」 ↓			「覚えてない。絵日記やだー」 ↓	記憶を整理し、順序立てて物事を説明できない
	「絵日記もあるって連絡帳に書いてあるよ」 ↓			「そんなこと言わない」「今日は何したの?」 ↓	
	「やだ。絵、かけないもん」とJに言われる			Kに「やだー」と逃げられる	

第3章 困ったときのケース別対応

8 さまざまな事情に配慮したい
保護者への対応に困ったとき

Q 保護者が学校で必要な物を用意してくれず、余計な手間がかかり、迷惑しています

　話を聞くことに苦手さのある小学4年生のLくんは、必要な物を持ってこないことがとても多いです。Lくんの保護者に伝えようと、連絡帳に書いてお願いしても、用意してきてくれません。

　業を煮やして電話でお伝えすると「はい！ わかりました！」と、母親から返事をもらうものの、翌日に持ってきたかどうか確かめると、やっぱり忘れてきています。何度電話しても、元気のいい返事が返ってくるだけで、のれんに腕押し状態です。たかだか忘れ物なのですが、毎回対応するのは大変なので、なんとかしてほしいと思っています。

▲▽▲▽▲▽▲▽▲▽▲▽▲▽▲▽▲▽▲▽▲▽▲▽▲▽▲
今回のケースのその後
▽▲▽▲▽▲▽▲▽▲▽▲▽▲▽▲▽▲▽▲▽▲▽▲▽▲▽

　困りに困った先生。去年の担任だった同僚に昨年度の様子を聞いてみたところ、「そんなに困ったことはなかったけどなー」のひと言。悶々としながら不満とストレスをためていた。

　その後、児童相談所のケースワーカーの来校をきっかけに家庭状況がわかったのだが、Lくんは母子家庭で、かつ母親自身に軽度の知的障害があった。昨年度までは祖父母が同居していたので、おおよそ問題は起きていなかったようである。

　「先生にとってLくんの家庭は、学校に協力的でないように思えるかもしれません。でも、実は今はとても生活が安定しているほうなんです。ぜひご理解ください」

　アドバイスをもらった担任は目からうろこ。事情を理解し、保護者に対して「どうにかしてほしい」という気持ちから「現状維持がベスト。これ以上、家族に負担をかけないように」とスタンスを変えることにした。

　ゆとりをもって準備ができるよう連絡を早めにしたり、連絡帳に準備物の絵を描いてみたり。手間がかかるのは変わらないものの、準備してくる機会は以前より増え、担任も心の余裕が多少もてるようになった。

▲▽▲▽▲▽▲▽▲▽▲▽▲▽▲▽▲▽▲▽▲▽▲▽▲▽▲
「リスクアセスメント」という視点からみる保護者理解
▽▲▽▲▽▲▽▲▽▲▽▲▽▲▽▲▽▲▽▲▽▲▽▲▽▲▽

　多忙な教師にとって、「個に合わせる」というのは、時間的になかなか難しい。しかし、Lくんの家庭のような事例では、ことさらに「個に合わせる」ことが支援の基本となる。この合わせ方については、２０００年以降、福祉の領域でも取り入れられるようになった「リスクアセスメント」が参考になる。

　リスクアセスメント（に基づく支援）では「家族が抱えるニーズの大きさや深刻さ」を基盤に、事例の理解と対応（予防的対応含む）を図る。多かれ少なかれ、子育て中の親は、リスクを潜在的にもっているが、状況に応じて困難に立ち向かい、しなやかに受け流しながら生活を送っている。

しかし、リスクが大きすぎたり、複数重なってきたりすると、対応しきれなくなり、生活場面のあちこちで問題が顕在化する。こうした状況では、困難な状況の手助けを行いながら少しでもリスクを減らし、「現状維持」を心がけたい。

 高みを目指さず、まずは生活の安定から

　「早寝早起き朝ごはん」「ＴＰＯに合った衣服の選択」「教育活動に必要な物品の準備」などは、学校での「よりよい教育の充実」が使命の教師にとっては「あって当たり前／できて当然」のことだろう。しかし、リスクが複数重なっている保護者は「それどころではない」のだ。無理にハードルを上げずに、むしろ今の家族の生活を「安定」させるために手を貸す、といった対応もときには必要なのかもしれない。「家族が抱える子育てのリスク」は、一担任が日ごろの連携では知り得ない内容も含まれるだろう。ただし、こうした事例では、すでに地域のほかの支援機関とつながっている場合もある。担任自身の困り感の解消を超えて、校内・校外で一貫した対応をする「一員」となる必要があるかもない。

　右ページのプロセスを確認しながら、教師として自分はどう対応すべきかを考えることも求められる。

 多様な価値観がある現代は、家族が抱えるリスクも多様。自身の「教師としての価値観」を見つめ直すことが問われている。

▼ 家族に関わるリスクの発見・対応ステップ

ステップ ❶ 現在の支援体制の理解

- 学校内外の支援体制の把握・理解

> カウンセラーやスクールソーシャルワーカー、警察や児童相談所、要保護児童対策地域協議会など、多様な機関・システムがある。

ステップ ❷ 情報の収集

- 担任や学校による情報収集
- ほかの機関との関係の中での情報収集
- 情報の整理・共有（管理職への確認・報告）

> 家族の24時間の過ごし方を含めて、多方面からの情報・声に耳を傾けよう。
> ただし、なかにはデリケートな情報が含まれている場合もあるため、個人情報にかかる守秘義務を前提とし、管理職との事前のルールなどの確認が必要となる。

ステップ ❸ 対応内容・方針の検討

- 担任のニーズと保護者のニーズとの照合
- 担任や担任以外ができる支援・対応の確認

> 「一人の力では対応できないケースもある」ということが大前提。
> ほかの機関と方針・対応が異なる場合もある。無理に自分で進めようとせず、管理職に必ず相談する。

ステップ ❹ 対応

- 当該保護者への対応
- 随時、ホウ・レン・ソウ（管理職に報告・連絡・相談）
- 経過に関する記録（個人情報の扱いに気をつける）

> リスクを複数抱える家族の状況は一進一退を繰り返しやすい。日時を含めて正確な記録を残す。

9 一人ひとりに合わせて考えよう
気になる保護者への対応

 子どもをうまくサポートできずに
困っている保護者がいます。

　なかなか宿題をやってこないMくんは、毎日なにか忘れてきます。帰りの会に「明日必要なものシート」に記入し、連絡帳に挟んで持ち帰らせますが、それも紛失してしまいます。
　家に電話をしたところ、母親が申し訳なさそうに、家でもいろいろ取り組んでいること、ただ、それがどれも長続きしないことなどを話されました。PTA活動をこなす明るいお母さんですが、電話の声は自信なさげです。家庭学習では、Mくんが間違うと、すぐにガミガミ文句を言ってしまうとのこと。どんなアドバイスをしたらいいでしょうか。

子どもの困りと母親の困りのモトを並行して考えよう

　Mくんの母親は、ユニークで話し好き。何事にも一生懸命な様子であるが、Mくんの家庭教育については、いろいろと取り入れようとするものの、どれも中途半端になってしまっており、自信をなくしている様子である。努力が成果として表れず、いつも途中で投げ出してしまうというところは、Mくんとそっくりといえるかもしれない。まずは母親自身の自尊感情を育成するようなアドバイスが効果的である。

　もちろん、近ごろ何かにつけて「どうせボクは……」という、まさに自尊感情低下のお決まりワードを言うようになったMくんに対しても、同様の対応が必要となる。

 Point　保護者の努力を認めていることを伝える

　さて、母親へのアドバイスを具体的に示そう。まずは、これまでの努力を認め、頑張りをほめる、ということから始める。つまり、「努力が有効に機能していることを認める」のである。

　今回のケースでは確実に忘れ物を減らすために、朝、学校へMくんを送り出すとき、母親にシートに添って「忘れ物チェック」をMくんと一緒にやってもらった。このケースでは、それまで母親は一つでもできていないと、やる気が失せてしまい三日坊主になっていた。しかしある日、担任が「今日は図工の道具が全部そろっていました！　朝のお母さんの『忘れ物チェック』のおかげです！」と連絡帳に記したところ、次への意欲に結びついたのである。

　この方法は母親だけに有効なものではない。毎日の失敗で自信をなくしているMくんにも、担任ができているところを探してできるだけほめることに徹したところ、Mくんの口ぐせであった「どうせボクは……」の一掃に寄与した。

　母親の努力を認める際には、「お母さん、頑張ってください」といったかけ声より、「お母さん、頑張っていますね」という認める言葉がベター。「頑張ってく

ださい」だと、気負ってしまうし、期待に添えないことで、またも努力が中座する。「頑張っていますね」は現在の努力が、功を奏していることを認められている気がするのである。

　また、教師が母親を励ますときには、こまめに「ありがとうございます」という言葉を使うのもよい方法である。中学生や高校生など、ストレートなほめ言葉があまり響かない年齢になってくると、「ありがとう」という言葉が、ほめ言葉として機能することが多い。これは、自尊感情が低下していそうな保護者にも有効である。

Point　保護者に合わせた対応を考えよう

　保護者も子どもと同じような困り感を抱いている場合が少なくない。保護者の姿に合わせて有効な対応を考えることが大切である。Mくんの母親への「ほめる対応」のほか、次のような有効なアドバイス方法がある。

保護者像	教師が感じがちな戸惑い	対応のポイント
保護者の中で特に目立つわけではないが、理解力や表現力に凸凹があり、「不親切」「不真面目」に見えやすい	（聞いていても）言葉の正確な意味をつかむことができず、理解が困難なこともあり、教師のアドバイスが有効に機能しない	**認知のしかたを知る** ● 見ることで理解しやすい人には、大切な要件は電話ではなく付せんやメモなども加えて伝える ● 聞くことで理解しやすい人には、「アレ・コレ」などの指示語を避け、具体的・説明的に伝える（「言わなくてもわかるはず」は危険！）
頑固で融通が利かず、人の言葉に耳を傾けないことも多い。思い込みが激しく、新しい助言を受け入れない	「マニュアル」的に書かれていると行動しやすい反面、それが思いどおりにいかないといらだったりやる気をなくしたりするなど、逆効果となる場合もある	**保護者の「好きな／得意な」方法で助言する** ● あいまいな表現は避け、はっきりと伝える ● ほめることよりも、具体的な行動レベルの助言（マニュアル）が効果的

Point 子どもとの話し方を伝える

　必要に応じて保護者には、子どもと話をする際に、イライラせずに根気強く伝える方法を伝授しよう。

(1) 自分の話を伝えるときは短時間になるようにする

　自分の話が子どもの話より長くならないようにする。子どもが話そうとしているときには、口を挟まず「聞く」に徹する。

(2) 相づちを打ちながら話を聞く

　子どもの話に共感していることが伝わるように、相づちを打つ。話の途中で否定されたり、アドバイスされたりすると、子どもは思ったように話せなくなる。

(3) 子どもの言葉を繰り返しながら聞く

　話をしている途中で、何を伝えたかったのかわからなくなってしまう子どももいる。子どもがうまく伝えられずに困っていたら、それまでに子どもが話した内容を繰り返してあげるとよい。

 子どもと保護者の「困り」は似ている場合も多い。理解やアプローチも同様のものが功を奏するときがあるだろう。子ども一人ひとりにあった対応を考えるように、保護者への対応も保護者別に考えよう。

10 知識が豊富な保護者と向き合う
意見を押しつけられたとき

Q 保護者から指導について
たびたび意見を言われて困っています。

　小学4年生の担任です。保護者から指導について意見を押しつけられて困っています。Nくんは、短い文章ならなんとかつっかえずに読めますが、教科書などの長い文章になると上手に読めません。特定の字が読めないというわけではなさそうです。個人面談の際にその様子を保護者に伝えると、ある本を私の目の前に置いて言いました。
　「先生、家ではこの本で実践しています。先生ももっとNの特性を理解して、指導法を勉強してください」と。
　それ以降、折に触れて、私の指導について電話や連絡帳で意見を言ってきます。授業参観でも、監視されているような気がします。

知識が豊富な保護者と連携をとる方法

　今はインターネットなどでいつでも教育情報を調べられるため、誰でもある程度の知識を得ることができる。また、近年では発達障害などに関する研修に保護者も参加しているケースが少なくない。

　実は、このＮくんの保護者もそうで、我が子が小学校に入学し、宿題を手伝うようになってから、ほかの小学校で学習支援員を始めるようになったほどなのである。その仕事がら、筆者との接点もあり、この件について話す機会があったので、じかに母親に聞いてみた。

　「Ｎが本を読むことが苦手なのは知っていました。読むこと以外にも、算数の図形の問題などに困り感があります。おそらく視覚的認知機能に弱いところがあると思います。担任の先生には一生懸命やってもらっています。ただ、学校では『すらすら読めない』『片づけが苦手』などとできないことの指摘ばかりで、どのようにやったらいいのか、という具体的な指導はありませんでした」

　保護者は我が子のできないことは百も承知なのである。そうでなくて、我が子に「できない」と言いながら教師が「何もしてくれない」のが歯がゆいのである。

　さて困った。教師と保護者の対立をさらに際立たせるのはベストな解決法ではない。なによりも保護者連携の際に問題が生じたときには、「子どもの利益が最優先」という基本に立ち返るべきだろう。その観点から解決法を考えてみよう。

保護者の主張を確認し、できることは取り入れる

　保護者の主張は、クレームと思わないで、まずは事実かどうか確認してみよう。なかには一方的な思い込みで、自分の子どもに指導が行き届いていないと誤認している場合もある。次に、保護者の提案が実現可能かどうかを考える。どんな無理な提案でも「できません」というのは、封印。「できるところから試してみましょう」と心を開くことが大切である。そのとき、準備や用意のない思いつきの指導は、すぐに化けの皮がはがれる。

しかし、学級と家庭では学習環境が全く異なる。家庭では、保護者の個別指導が可能でも、通常の学級では難しいことがある。保護者の提案が実現不可能な場合は、理由をしっかり説明しよう。

Point 支援方法を一緒に考えるという姿勢も必要

教師は国家認定の「教育のプロ」なので、指導法については自分なりのやり方があるだろうが、ここは「子どもの利益」のためである。時には保護者の支援の工夫に耳を傾けたい。教えてもらった方法はそのまま実施するだけではなく、担任なりの味つけもしてみよう。その子に合った教材の工夫などがあれば、保護者はすぐ気がつくはずである。その効果についても率直に保護者に報告しよう。右ページのチェックリストを参考に、個別の配慮についても検討したい。

Point 柔軟で前向きな態度が保護者を信頼させる

なかには毎日授業を見せてくれるように希望する保護者もいる。保護者が安心する指標は、子どもに「学校が楽しい?」と聞いたときに、「楽しい!」という答えが返ってくることではないだろうか。

勉強がわかると授業に苦痛はなくなる。苦痛がなくなると、学校は楽しいものとなる。子どもは、教師が自分のことを見ているかどうか、よくわかっている。それは、たんに個別の指導の頻度とか、支援の回数ではない。プリントを回収するときにちょっと声をかけてくれる、机間巡視のときに足を止めてほめてくれる、などでその態度はそれとわかるものである。このような関わりの態度が、子どもを変化させ、保護者の心を開き、信頼を生むものとなる。

> 担任が向ける子どもへのまなざしに保護者は敏感である。子どもの利益のためには、気を張りすぎず、ときには「柔軟に対応する」というスタンスも必要だろう。

個別の配慮のチェックリスト

　知識が豊富な保護者と学習について話し合うときには、次のような配慮を心がけたい。我が子のニーズを踏まえた指導が行われていると感じてもらえれば、担任への理解も深まり、より協力的になる。

☐ 子どもへの指導を振り返る

　指導で工夫している点を具体的に列挙してみよう。そして、それが効果を及ぼしていない（かもしれない）理由について考えよう。Nくんの場合は、「読み」以外にも困り感がないかどうか、実態把握をもう一度、やってみる必要がある。さらに認知のしかたに即した指導法を考え、保護者に示してみよう。

☐ 学級でできることは取り入れる

- 学級で取り入れられそうなこと…「ヒントカード」（P.128）などであらかじめつまずきそうな問題を支援できるようにしておく。保護者が授業参観をする（校長の判断が必要）。
- 学級で取り入れにくいこと…支援員の配置（校長や教育委員会の判断や申請が必要）。

☐ 家庭での支援を取り入れる

　Nくんの場合、家庭では、読む箇所を「意味のかたまり」に分けて指導し、教科書には「意味のかたまり」の切れ目を線で区切るなどしていた。学級でもその方法を採用し、徐々に切れ目を線から点にするように指導。最終的には、線や点がなくても読めるようになることを目標とした。

☐ 子どもをよく観察する

　子どもの「できない」ところではなく、「できる」ところはどこかを探すという態度が重要。そして、よいタイミングで声をかける、視野に常におさめておくなどの配慮をしたい。子どもにそれが肯定的に受け止められれば、保護者の信頼を得ることにつながる。

第3章　困ったときのケース別対応

11 一人で抱え込まないで！
支援が適切でないと思われたとき

Q 保護者から今まで続けてきた支援が適切でないと思われているようです。

　配慮を欠かさずにいた子どもの保護者から、支援が適切でないというような感想をもらって、ショックを受けています。

　小学5年生のPくんは、風邪を引きやすく学校もよく欠席します。担任として特に配慮をしてきましたし、頑張る姿を連絡帳で欠かさずお伝えしてきました。ところが、2学期最後の個人面談で、保護者から突然「なるべくほかの先生がされているような対応はできないでしょうか」と言われました。そんなことを言われるとは思ってもおらず、「どういうことですか？」と、思わず聞き返してしまいました。すると、「気を悪くされたら、ごめんなさい。先生の今の対応でも大丈夫です。いいです。ごめんなさい。気にしないでください」と言われてしまいました。

今回のケースのその後

　その後、担任は「私でよかった」と思ってもらうためにも「足りない」ところを補いたいと考え、さらにPくんに働きかけた。すると、その様子にしびれを切らしたPくんの保護者が校長へ相談をもちかけた。後日、担任は、校長から次の言葉をもらう。
　「ゆったりでいいんですよ。○○先生は元気すぎるから……。保護者の方は、先生のやり方が『うちの子どもには刺激が強すぎる』とおっしゃっていましたよ」
　Pくんは、これまで入退院を繰り返してきた。保護者はPくんがいろいろなことに積極的になることよりも、日々の生活が安定することを一番に願っていた。しかし、担任の力の入れどころはむしろ逆。「やる気・元気いっぱいもとう！」が口癖の担任に、保護者は不安を感じていたのである。

学校全体で保護者対応を行うことの意義

　この事例、担任と保護者との間ではそもそも支援の方向性（ベクトル）が１８０度ズレてしまっていた。こうしたズレは、自分ではなかなか気がつくことができない。クレームやトラブルが発生したのち、担任が一人で挽回しようとして、事態が悪化してしまい、修正不可能なレベルに陥ることもある。担任一人の力には限りがある、ということを前提に、周囲を巻き込んだ「学校組織全体での理解と対応」が重要になってくる。

Point　ほかの教師を頼り、早めにベクトルを調整する

　冷静に考えれば、教師も保護者もそれぞれに、独自の考え方ややり方をもっているのが当たり前である。あるいは保護者自身も「自分の子どもの専門家」である。多少やり方に違いがあっても、「目指している方向が同じ」ということであれば

お互い譲歩できる。しかし、それが全く異なっている（とわかる）と、途端に相手の批判に走りがちになる。残念なことにこうした批判は、やり方の批判ではなく、「〇〇先生は……」「〇〇さんの親は……」という個人の批判であることが多い。
　校内には保護者の置かれた状況を察しやすい人がいるかもしれない。「自分には理解しにくい」と感じたときには、同僚や管理職など、一歩引いて冷静に考えることのできる人の意見を聞くことで、早めにベクトルの確認・調整をしよう。

気持ちをはき出し、ひと呼吸おく

　クレームを受けたり予想外の事態に陥ったりした場合、否定や落胆、怒りなどネガティブな感情がどっと出てくる。日ごろは冷静な人でも、こうした状況では理解力も判断力も鈍ってしまう。問題の解決には至らなくても、誰かに話を聞いてもらうことでひと息つけると、問題の整理、根本的な問題への気づきが促されることがある。

保護者に安心感を与えられる仲間を募る

　保護者のなかには家庭内や地域社会で孤立している方もいるかもしれない。「聞いてくれる」「わかってくれる」人が、担任ではなくとも学校のどこかにいるということは、その家族が安心して生活していくうえで、とても重要なことである。
　「隣のクラスに口出しはしない」という学校風土もずいぶんと変わってきた。一人で抱え込まずに、保護者の味方になってくれそうな同僚や管理職を探すことも忘れないようにしたい。
　また、「ほかの教師を頼ろう」という話と矛盾するようだが、担任が奮闘している姿を見ているからこそ、周囲の先生も支えてくれている。お互いにサポートし合うという職場風土を維持するためにも、お礼や事後の報告などは丁寧に行なおう。

保護者から話を聞くときのポイント

保護者から話を聞く場合、次のことを忘れないでほしい。

相談やクレームの内容は具体的に記録する

学校としてほかの教師を交えて動こうとすればするほど、事実の正確性が問われる。担任の勘違いや捉え違いがあると、それを聞いたり引き継いだりした教師がさらに別のトラブルを発生させる可能性もいなめない。

担任が受けた相談やクレームは日付もつけて、なるべく詳細に記録を行いたい。

校内支援体制（校内委員会）を活用する

既存の校内支援委員会が、子どもとその保護者に関することを話し合う場としても活用できる場合がある。そのほかにも、校内外で話し合える機会を積極的に探してみよう。

一人の力には限りがある。正確な情報の確保・整理などにも気を配り、対応が難しい事例ほど「学校全体での対応」という視点を交えよう。

12 みんなが納得する道を探りたい
保護者と管理職との板ばさみになったとき

Q 保護者からの要望と校長から求められることが異なり、どのように対応すればよいか迷っています。

　小学4年生のQさんは9月から学習が目立って遅れており、授業中、担任である私が机間巡視などでQさんに個別に教える機会が増えてきました。Qさんは私がそばに行って丁寧に教えると理解できることも多いようです。ただそうなると、ほかの児童の手が止まり、私語が増えて教室が騒がしくなります。Qさんの保護者からはとても感謝されていますが、先日、教室を見に来た校長からは、学級崩壊も心配なのでQさんの個別指導とほかの児童の指導のバランスを改善するようにと注意を受けました。また、ほかの保護者からも校長のように学級崩壊を心配する声が聞こえてくるようになりました。

▲▽
目の前の問題を解決するためには……
▽▲▽▲▽▲▽▲▽▲▽▲▽▲▽▲▽▲▽▲▽▲▽▲▽▲▽▲▽▲▽▲▽▲▽▲▽▲

　担任は後日、この件のことを保護者会で説明した。ほかの保護者からは「うちの子から一人のお子さんに手がかかるために授業が中断し、騒がしくなり、勉強が遅れていると聞いて、心配になっている」との声や、「原因になっているそういう子は前の席に座らせるか、別の場所で勉強させることはできないのか」といった意見もあがったという。

　学級崩壊の原因を、支援が必要な子のせいにするのは短絡的であろう。しかし校長も心配しており、何らかの手を打たなくてはならない。どちらかの味方になるのではなく、みんなが納得できる対応を考えたい。

Point　学習支援員を配置する

　教師には、発達障害のある子を含め、気になる子どもたちを適切に支援していくことが求められている。しかし、どうしても一人では十分な支援が難しいという場合には、校長が教育委員会に申し出て、配慮の必要な児童生徒に対する支援や安全確保などの学習活動上のサポートを行うために、「学習支援員」を措置してもらうことができる。

　学習支援員は、発達障害のある児童生徒に対する学習支援などを行う。例えば、読むことが苦手な子どものための教科書や黒板の読み上げ、書くことが苦手な子どものテストの代筆などを行うとされている。

　しかし、特定の児童生徒の単なる世話役としてだけ支援員を活用すると、学校全体の対応とかけ離れてしまうなど、効果的な支援ができなくなることもある。担任は、学習支援員と話し合いながら指導を進めていく必要があるだろう。

Point　ニーズに合わせた複数のヒントカードで支援

　子ども一人ひとりのニーズに合わせて、複数のヒントカードを用意してはいかがだろう。例えば国語の授業で「内容をまとめる」という課題になったときに、内容は理解しているが要点をまとめることが難しい子には、「選んだ単語をかっこ内に書き入れて文章を完成させる、ヒントカードA」を、内容理解につまずきが見られる子には、「視写をすることで要点をつかむことができるような、ヒントカードB」を提示する。

　これは本件のQさんだけではなく、授業中に課題の理解が難しく、手が止まっているほかの児童にも効果的である。

ヒントカードA

（　　　）は、（　　　）が
かわいそうに思い、（　　　）のを
ついて食べさせてやった。

【キーワード】
やせたねずみ・すもうで負けてばかりいる・もち・おじいさん

ヒントカードB

おじいさんは、やせたねずみがすもうで負けてばかりいるのをかわいそうに思い、もちをついて食べさせてやった。

Point　ほかの児童や保護者の理解を得る

　学習の遅れに対して周囲からの理解が得られないと、教師の対応についても不満が出始める。教師は、周囲にどう理解を求めていくかを考えておく必要がある。保護者全員を理解者にするのは難しいが、なかには理解のある保護者がいるはずである。配慮が必要な子どもの保護者の周りに、理解のありそうな保護者がいたら、例えば保護者参加の行事で同じグループにしたり、教師が間に入って共通の話題を振ったりして保護者同士をつなぎ、理解者を増やしていく。

　配慮が必要な児童に対する教師の真摯な態度は、時間がかかったとしてもほかの児童や保護者に伝わり、配慮が必要な児童に対するポジティブな理解につながる。教師がQさんに個別に指導しているときには、ほかの児童に課題を出すなどして授業が中断されるような事態は防ぐべきである。ほかの児童も担任を「自分が困っているときにはしっかりと対応してくれる教師」と認識していれば、学級崩壊などにはならないだろう。

保護者の意見も、管理職の意見も尊重しなければならない。どちらかの味方につくのではなく、双方が納得できる手だてがないかを考えよう。適切な支援を考えるときには、保護者や周りの教師に相談してみるとよい。

13 日ごろの信頼関係がカギとなる
支援の必要性を保護者に伝えたいとき

 特別な支援の必要性を感じている児童の保護者と今後の支援体制について話し合いたいです。

　小学３年生の担任です。私のクラスに在籍するRくんは、授業中の立ち歩きや私語が多く、授業の進行が止まってしまうためとても大変です。Rくんのためにも今後の支援について保護者と話し合いたいと考えているのですが、保護者はRくんに支援が必要なことを気づいていないようです。最近、友だちとのトラブルも増えてきたため、さすがにこれは保護者に伝えなくてはと思い、「障害」という言葉をだして話をしてみました。保護者は冷静に聞いていましたが、次の日に「勉強は学校で期待ができませんので、塾でしっかり見てもらうことにします」と電話がありました……。事実をもとに連携してきたつもりなのですが、どうしてこうなってしまったのでしょうか。

現在の取り組みを伝え、今後の現実的な対応策を伝える

　保護者にとって子どもの特性を理解することは意味のあることだが、子どもに発達障害があるかもしれないという場合、どのように保護者に伝えればいいのか、悩むところである。教師が障害の可能性を伝えるとき、たんに「専門機関を紹介する」のではなく、保護者の置かれた立場や気持ちを理解し、しっかりとフォローしていく力が求められる。

　「ちょっと気になるから、専門機関に行ってみたら」「私たちではわからないので、専門家の判断がほしい」というのは、教師としてＮＧである。不安でいっぱいなところに、上記の発言では、保護者は突き放されたような気持ちになるだろう。「クラスでやっている指導や工夫は、これでいいのか専門家に確認をしたいので」「ほかによい方法がないのか勉強したい」というのがベター。こういう言葉が功を奏するためには、日ごろから保護者を納得させるような工夫をしていて、また、そこから信頼を獲得していくような綿密な連携関係というものがなければならない。いざ伝えることになったときには、次のポイントに配慮したい。

Point　育て方への非難と受け止められないようにする

　教師は保護者を励ますつもりで、つい「あなたが変わらなければ」「あなたがしっかりしなければ」と言ってしまう。しかしこれこそが、保護者を追い込む悪魔の言葉なのである。今まで一生懸命やってきた保護者を追い詰めてしまいかねない。

　「頑張ってこられたのですね」「学校のことにも協力していただきありがとうございます」このような言葉でまずはその努力を認めよう。「この保護者は、そんな努力なんか何もしていない」などと思っても口にしてはいけない。人には「できることと、できないことがある」のである。

改善が必要であると考えている課題は、客観的に伝える

　クラスで「困っている」状態を教師が保護者に具体的に伝えることは必要である。「気に入らないことがあるとほかの児童に手をあげることがある」という事実を、「元気が溢れている」と言い換えることは、その場限りの気休めにはなっても、問題解決にはつながらない。
　「自分の希望がとおらないときに手が出ることがある」という事実を伝えよう。そうした状態が家庭でも見られる場合には、保護者にも納得がいくものである。また教師も、言いっ放しにならず、支援の手だてを考えるきっかけとなる。

 保護者の気持ちに寄り添った伝え方を考える

　専門機関に相談することを拒む保護者の気持ちを考えてみよう。我が子の障害について可能性を示されたり、障害があると診断されたりするとき、保護者は強い衝撃を受ける。たとえ薄々気づいていたとしても、それを認めたくないという気持ちが生じるのは当然であろう。
　多くの保護者は「障害の告知」によって、ショックを受け、子どもの将来について悲観的になる。そして「自分の子育てに問題があったのではないか」という自責感や無力感に悩むのである。そのとき、クラスで教師が実践している配慮や取り組みについて聞くことができれば、将来に一縷の望みが見えると思ってもらえるだろう。
　なによりも大切なことは、互いの考え方の違いをやりとりを重ねるなかで明らかにし、かみ合う部分を探すことである。そのような部分が見つかれば、そこを手がかりに話を進めることができるはずだ。

伝えたあとのフォローアップ

　専門家との連携が可能になったあとは、専門家の助言をもとに、指導内容の精選や指導の工夫を考える。また、保護者には、発達段階に合った適切な教育環境を整えることが大切であると認識してもらう。診断が確定しなかった場合でも、子どもの発達の特徴を保護者が理解することで、子育てを工夫したり子どもにとっても保護者にとってもより過ごしやすい生活環境を整えたりできるようになる。
　発達の特徴を保護者に伝えることで、子どもの成長にマイナスなイメージをもたせるのではなく、子どもの成長を支えていくための新しい一歩を踏み出せたのだと思えるようにしたい。

通級による指導の可能性を探る

　診断がついていなくても、学習につまずきがあったり、集団での行動や感情のコントロールが苦手だったりする場合、通常学級に在籍しながら、通級による指導を受けることができる。
　その場合、主に各教科の学習や給食などの時間はほかの児童と一緒に通常学級で過ごし、「通級による指導」の時間だけ教室を移動して、それぞれの困りごとや課題に合わせた指導を受けることになる。
　また、通常学級でその子を支える配慮や工夫について、通級担任と話し合うこともできるだろう。

専門機関との連携を「伝える」ためには、伝える前の準備、保護者の気持ちに寄り添った伝え方、そして伝えたあとのフォローアップが求められる。必要に応じて通級指導教室の利用も考えよう。

14 用意周到に進めたい
障害について周りに伝えるとき

Q 保護者から発達障害についてクラスで説明したいと言われました。

　保護者会前日に、発達障害のあるSくんの保護者から「うちのSのことで、いつもほかの保護者に謝ってばかりなので、障害について話したほうがよいのではと思いました。明日の保護者会で、伝えてもよろしいでしょうか」と、相談を受けました。トラブルが起こるたびにつらそうにされていたので、「わかりました。最後のほうに時間をとります」と、即答しました。

　しかし、当日は予定がずれこんでしまい、Sくんの保護者からの説明に時間が十分とれず、微妙な空気が流れました。保護者会後、Sくんの保護者からは、「やらなければよかった……」と言われてしまいました。

今回のケースの失敗原因

　実はこのとき、担任は保護者同士で悩みを共有できるよう、「ひと言タイム」を設定していた。しかし、クラス全員分となると時間がかかり、「何を話そう？」と、ほかの保護者が話しているときは上の空、話し終わったあとに満足感と解放感から「フーッ」と息がもれていたという。
　終わりの時間が近づくと、時間を気にしている保護者もいたようで、教室がざわざわし始めた。急いでSくんの保護者の話す時間を設けたものの、そんな状況では話を聞き流してしまう保護者もいるだろう。結局、保護者会後も、Sくんの保護者とほかの保護者との関係がよくなることはなかった。

話しやすい場をセッティングしよう

　担任が、「ほかの保護者も話をよく聞いてくれるはず」とたかをくくってしまって、場所や時間、進行のコーディネートをないがしろにすることは避けたい。「せっかく話そうと思ったのに……」と、不満ばかりが残ってしまう。
　では、どのように対応すべきか。まずは保護者が話したいことを話せるような場のセッティングが欠かせない。

Point　落ち着いて話せる時間を確保する

　先の例では、保護者会自体の終了時間が予定より20分近く遅くなってしまったという。「時間が押すほど話ができた」と思うかもしれない。しかし、この状況から保護者が感じるのは担任の熱意ではない。むしろ「いつもの授業でもこんな（だらだらした）感じなのかも」という不信感が生まれてしまう。
　障害をカミングアウトする時間をつくる場合、できるだけ余裕のある進行にし、保護者が落ち着いて話せるような時間を確保しておきたい。

Point　話しやすい雰囲気をつくる

　進行（司会）のうまい先生なら、その場で話しやすい雰囲気をつくることができるかもしれないが、そのような先生ばかりではない。物や空間の力も借りて、保護者の緊張をほぐしたい。
　例えば、今回のケースでも一人ひと言ずつ話すという設定を変えて何人かのグループでの話し合いにしていれば、話しやすい状況をつくれていたかもしれない。保護者同士の話に耳を傾けられる空気になっていれば、クラス全体に伝えたいことがある保護者も話がしやすいだろう。

カミングアウトをする前に

　子どもがクラスで居心地の悪さを感じているとき、保護者が発達障害について詳しく説明し、クラス全体で見守ってほしいという願いを伝えることで解決につながる場合がある。保護者からそのような要望があった際には、次の点に注意して対応したい。

 Point　事前に綿密な打ち合わせをする

　「障害などのカミングアウト」について、多くの成功事例もあるが、もちろん失敗に終わっているケースもある。その保護者にとってすでに味方の保護者はいるかを確認したり、保護者会のどのタイミングでどんな言葉で伝えるのがよいかを話し合ったりするなど、できる限り綿密な打ち合わせを行うようにしたい。

Point 子どもの意向を確認する

　障害や困り感を公表することの是非について議論はある。なによりも公表することによって影響を受けるのは子ども自身なので、本人の状況やクラスの雰囲気を見極めて慎重に行う必要があるだろう。子どもの意向を確認するのが先決であるので、本人が自分の状況を理解し、判断できるようになってから行うことが望ましい。

障害のあることの伝え方

- 障害があっても特別な存在ではないことを理解してもらう。
- 児童が困っていることだけでなく、得意なことも伝える。
- クラスメートに協力してほしいことやどのように接していけばよいのかなどを知らせる。

伝える際に配慮すべきこと

- 十分な理解がないまま障害名が一人歩きしないようにする。
- 教師、本人、クラスメートが障害を否定的に捉え、「それは発達障害のせいだから仕方ない」と考えてしまわないようにする。

 障害のカミングアウトは、保護者にとってとても勇気のいることだ。保護者会など多くの人が集まる場で個別の事案を扱う場合には、事前に十分な話し合いを行い、安心して話ができるようにサポートする。そして、当日は全体として話しやすい保護者会になっているかの確認をしてから、実施に踏み切りたい。

15 新担任への配慮も大切
支援を次年度へ引き継ぐとき

担任が替わることを保護者が不安がっています。

　小学4年生のTくんは1、2年生のころは、クラスになじめず、自分勝手な行動が多く見られたそうです。3年生から私が担任になり、集団で過ごすうえでの簡単なルールの提示や、席の配置を工夫することで、ずいぶん落ち着いて授業を受けることができるようになりました。4年生になってからは、学習も意欲的になり、保護者もその変化を喜んでいます。

　しかし、そろそろ異動の話も聞こえてきており、次年度はもち上がりで担任になることが難しそうです。保護者もそれを察知したらしく、「来年もお願いしますね」と強く念を押されました。引き継ぎをしっかりしないと保護者の方も失望されると思うのですが、どのようにするべきか悩んでいます。

引き継ぎの際に起こることを想定しよう

　実はこのケースは、筆者が巡回相談を行っている小学校での年度末の引き継ぎの課題に関する質問である。どう答えようかと大学の研究室で思いあぐねていたら、大学院生のＳくんがドアをノックした。Ｓくんは大学院修了後、教師になることを志望している。質問をざっと読んでのＳくんの回答は明快だ。

　「どうしてこの担任の先生は悩んでいるのですか？　保護者から再三念押しされているのだから、新しい担任にこれまでやってきたことを細かく伝えればいいのではないですか。だって、この担任は、自分はよい関係を築いてきたという自負があるのだから、いい実践だということは、ほかの先生も保護者もみんな認めているはずですよね」

　おっしゃるとおりである。なんの異論もない。正論である。おそらく、保護者も、引き継ぎに関してそのように望んでいるに違いない。「どのような人が担任になっても、同じ支援が受けられる体制」のための引き継ぎがなされることは、学校教育に限らず、ケアの世界では当たり前のことになっている。しかし、正論だけがとおるわけではないのが世の中というものである。私には保護者の度重なる念押しに躊躇している担任の先生の気持ちがわかるような気がする。

Point 引き継ぐ側の教師の立場も考えよう

　これまでＴくんに、担任の先生の工夫やルールがうまく「合っていた」のは確かである。しかし、担任が替われば、その考え方や学級経営の方針も違ってくる。「経験」や「教育観」といってもいいかもしれない。つまり個人の「経験」や「教育観」まで「引き継ぎ」してもよいものなのか？　これが担任の先生が引き継ぎをためらう理由なのだろう。

　「先生、でもそんなことを言い出したら、指導者と子どもの『関係』があるだけで、そもそも『指導方法』なんて、意味がなくなるじゃないですか」と、Ｓくん。なかなかスルドイ指摘である。二の句がつげないでいると、小学校教師で社会人

大学院生のＡさんがやってきた。事情を説明すると、「教師は、みなさん一国一城の主ですから……それなりのプライドがありますよ」と笑いながら話してくれた。「１日のスケジュールを掲示したほうがわかりやすい児童がいても、『自分のクラスには掲示は不要。私はしっかり口頭で伝えるワザをもっている！』と、がんとして譲らない先生もおられるし……」とのこと。

　この例は極端だとしても、事細かに支援方法を書き込まれると、素直に受け取れない心情というものがあるのだろう。その場合、ある程度、支援の内容の具体性を低くして、引き継いだ教師自身の工夫や方法（ワザ！）が生かせるようにすることも考えなくてはならない。

「事務的」な態度はNG！

　経験豊富なＡさんは、こういうことも付け加えてくれた。
　「自分の異動や新担任の正式決定はぎりぎりまで公表できず、時間的制約もあります。そのため校内で引き継ぎの時間がもてずに、形式的な引き継ぎに終わってしまう場合が多いのです。このあたりの事情が保護者にはわかりにくく、新学期になって学校に対する不信や新担任への疑心を生むのかもしれません」
　学校現場で具体的に引き継ぎが案件としてあがるのは、２月以降となる。学校独自のタイムスケジュールの事務的な進行は、次年度を心配する保護者には理解できない。このような時間のギャップが引き継ぎの問題をさらに難しくしている。
　これは引き継ぎの問題に限らず、保護者連携の際の重要なポイントである。学校・教師にとって事務的には「何十人の子どもの中の一人」であるが、保護者にとってはただ一人の我が子であるということである。これは忘れがちで、なおかつ当たり前のことだが、とても大切な認識であるといえよう。保護者の気持ちをつなぎとめるためには、この唯一無二の我が子を、「集団の一人として見ないこと」「事務的に扱わないこと」なのである。
　「２月にならないと、次年度のことはわかりません。それまでは何もお伝えできません」では、まさに「事務的」で愛情や誠意が微塵も感じられない。「次年度のことは話し合っていきましょう。担任が替わってもＴくんが困らないようにします」と言明してもらえれば、保護者の不安と心配が解消されるはずである。

学校にとって、引き継ぎは「事務」であるが、それを教師が「事務的」にしてしまうと、問題が難しくなるのである。保護者連携に際しても、引き継ぎの「事務」という事項だからといって、「事務的」という態度で処することのないように願うばかりである。

限られた機会を生かす「進級支援シート」

　引き継ぎたい情報には、文字で表しにくい内容も多く含まれている。「ほかにも子どもが大勢いるので、じっくりとは取り組めません」「先入観はもちたくないので、少しだけ参考にさせてもらいます」という新担任もいるかもしれないが、「新旧担任間での申し送り」や「職員会議での周知」など、直接向かい合う形での引き継ぎを行いたい。ただし、異動により旧担任が不在だったり、会議にて申し送りを要する子どもが大勢いたりする場合は、十分な時間をかけることができないこともある。

　限られた引き継ぎの機会を生かすためにも、やはり書面にて情報をまとめたほうがよい。しかし、年間の姿や成長などをまとめる作業はキリがなく、熱心であるほど途中で思考停止してしまう教師も多いだろう。

　子どもと保護者が安心して次年度に進むことができるよう、コンパクトに情報をまとめられる「進級支援シート（P.143）」を紹介する。

 まとめ方と活用のコツ

　すでに個別の指導計画などが作成されている場合には、年度当初から確認してきた実態把握、指導目標（行動）、年度末の学習評価などから、参考になる情報を抜き出し、今年度の実態を加味しよう。

　一方、指導計画などの子どもの情報やニーズを集約させたものがない場合は大変である。「学習面」「友だちとの交友面」「生活・自己管理面」の三つに絞って、情報をまとめよう。なお、ここでは、学校生活で子どもが残してくれたもの、つまり記入したプリントや制作物などを有効活用したい。理由は「百聞は一見に如

かず」である。これらを用意することで、（無理に言葉でまとめずとも）端的に「その子らしさ」を示すことができる。苦手な部分だけでなく、長所や独特の思考パターンなどをバランスよく伝えることもできる。このほか、「大好きな友だちと一緒にいる姿」「一番好きな活動をしている場面」などの写真も、新担任の記憶と印象に残りやすい。

なお、長所や好きなことは保護者に直接聞くことも考えてみよう。これをきっかけに「大勢いる中の一人」として事務的に引き継ぎをしてしまうのを防ぐことも期待できる。

Point 引き継ぎ資料を紙切れにさせないコツ

「私がまとめた情報は、新担任がきちんと読んで、支援を引き継いでくれる」という保証は実はどこにもない。こんなことを言うと「私の労力は無駄では……」と言われそうだが、次の点に気をつけて、そうなることを少しでも避けたい。

(1) 児童の変化の可能性も含めて申し送りしよう

子どもの姿や求められる支援は進級を期に変わりうる。「新しい先生、友だち、クラスでは、どうなるのだろう」という視点で、旧担任の心配事から新担任のオリジナルな子ども理解へとつなげよう。このために右のシートには新担任が追記できるスペースを設けている。

(2) 校内支援体制の中で進級支援シートを生かそう

そもそも学校では、どのように引き継ぎの体制を整えているだろうか。もし新旧担任間だけでなく、学年や校内全体でシートを確認する機会があれば、意見をもらうことで、客観的な理解にもつながる。また、進級後も、休み時間をはじめとしたさまざまな場面で対象児童のことを気にしてもらえるだろう。

事務的な対応は禁物！　限られた時間で子どもの支援をつないでいくためにも「進級支援シート」を新年度からの連携スタートに役立てたい。

📥 進級支援シート

	学習面(1)	学習面(2)	交友面	生活・自己管理面
今年度の様子	算数と理科は全般的に得意。暗記を要する要素が多い教科は大嫌い(「覚えられない」と自覚)。不器用さもあり、漢字の書き取りは本当に嫌がる。	体育や家庭科、音楽は嫌いではないようだが、授業中、自分勝手に行動することが多い。	人への興味がとても強い。極端なことをするので、周囲から憧れの目で見られることも。ただ、友だちを巻き込みトラブルになりやすい(特に体育、音楽、休み時間)。	食事・着替え・掃除などのスキル自体はもっている。ただし、それを大人の指示で始めたり、続けたりすることが苦手。途中で気が散り、別のことを始める。
様子がわかるもの	・夏休みの自由研究→毒のある生物について1人で100種類まとめた。・漢字書き取り帳。		・写真 Tが仲のよいBとCの3人で苦戦しながら作った図工の作品。	

ここがポイント	できるようになったこと	まだ苦戦しているところ	できるために必要な手助け
	○ クラスでの授業に落ち着いて参加できるようになった。 ○ BやCが相手であれば気持ちを抑えられる機会が増えた。	○ 体育や音楽など、離席(立ち上がる)の機会が多い授業への参加。	授業参加に関して→「ルールの見える化」 一番多く実施していたのは…「朝の会で授業ルールを確認」

保護者について

考え方／心配事／NGワード／家族がよく使う言葉／家族の趣味など

○「学校の考えに任せます」「子どもの意思を尊重しているので」と一見気にしていない様子だが、トラブルが集中して、保護者間のトラブルに発展したこともあり、実はとても不安に思っているとのこと(1年・2年次担任より)。
○ 学校と同様に、家庭でも漢字の書き取りや日記で軽いパニックになることに困っている。
○ 夏休みに調べた毒のある生物は父親との共通の趣味(好きな話題)。「毒」なので母親は少し(将来を)心配している。

保護者連携の方法について(今年度または過去数年間の情報から)

○ 上記の1つ目の不安について、私もそう感じてきたため、今年度はできるだけ学校での様子を、よいこと半分、悪いことも(正直に)半分伝えてきた。それが急に減ってしまうと、おやっと思うのではないか、という点が心配。
○ やりとりは主に電話。ただ、その場で思いを言葉にできないことが多い様子で、翌日「やっぱり、本当は……」と電話をもらったこともあった。

気になること				
これまで	体育や音楽での様子、またはほかの児童とのトラブル	(いい意味でも)BやCとの関係がどうなるか	生物ネタが好きすぎて、周りが見えなくなること	その他気になること
進級数週間後				
新担任の判断	□気になる □気にならない	□気になる □気にならない	□気になる □気にならない	

第3章 困ったときのケース別対応

16 子どもにとって最善の選択をしたい
措置替えを希望されたとき

Q 特別支援学級から通常学級への措置替えを希望されたら？

　特別支援学級の担任です。小学4年生のUくんは、就学相談時に通常学級と特別支援学級のどちらに入級するか、保護者はずいぶん迷ったそうですが、最終的に通常学級を選ばれました。1年生のときはそれなりに勉強についてこられましたが、2年生になると授業の理解も難しくなり、登校しぶりも出てきたので、保護者と話し合い、3年生から特別支援学級で学習しています。

　登校しぶりもなくなり、宿題もしっかりしてくるようになりました。このような様子を見て、保護者は通常学級に戻ることを考え始めました。しかし、私は、この状態で通常学級に戻すのはまだ早いのではないかと思っています。今後、どのように支援を進めればよいでしょうか。

保護者の立場で考えてみよう

　まずは、Uくんの保護者が転級を希望した背景を知ろう。小学校入学以来、特に2年生になってからは、毎日暗い顔をして学校に通っていた我が子が、ニコニコして学校に通えるようになったのだから、保護者にとってこれほどうれしいことはない。勉強の進み具合も右肩上がりで、向上。いいことずくめである。保護者にとっては、課題が「克服」されたと映っているのだろう。それはまるで風邪が治るかのように、一挙にカタがついたと感じているのかもしれない。

　保護者は、近ごろのUくんの様子を、お正月に実家に帰った際に報告したという。これを聞いた祖母は手放しで喜び、校長に直談判しに行こうと提案。担任は校長から経緯を聞かれ、保護者対応のプレッシャーが急に強くなったわけである。

特別支援学級担任の立場で考えてみよう

　保護者の「希望」を頭ごなしに否定はできない。ただ、本当に希望されたままに対応してしまってもいいのだろうか。まずは特別支援学級に措置替えした当初のUくんの実態を確認したい。

措置替え当初のUくんの実態
- 学習に対する意欲がなく、教師の呼びかけに対しても反応は少なかった。
- 学習レベルは、1〜2年生相当。個別の指導での積みあげが必要と判断された。
- なによりも担任が気になったことは、低下した自尊感情であった。算数の課題も、ちょっと難しくなると、「できない！」と、机に突っ伏した。そして、「ぼくは、できない。できない。できない」を繰り返した。

担任の対応とUくんの反応
- まず課題の量を減らし、一つずつ丁寧に教えることにした。
- 出来映えが本人にもわかるように、課題を実施した際にはノートに「やった

ね！」シールを貼った。Ｕくんは、シールが増えていくことを喜び、授業終了後には必ず、獲得したシールをうれしそうに数えるのだった。
- クラスの役割として、新１年生のお手伝い役が割り当てられた。授業の用意や、校内の移動など、率先して新１年生の手を引いて案内する姿が見られ、どこか得意げだったという。
- 交流教育として、同学年の通常学級で元クラスメートと一緒に活動することにはあまり気が乗らないらしく、必ず担任の同行を望んだ。当初は、給食や掃除などの時間は通常学級で過ごしていたのだが、Ｕくん自身が嫌がったので、３年生の２学期からは特別支援学級で過ごす時間が長くなっていった。

　このようなＵくんの姿から、担任教師は、日常生活や学習に対して自信はつき始めているが、学年相応の内容を期待するのは十分ではなく、また、人間関係についても多様な同級生とよい関係を築くのは難しいと判断し、来年度も特別支援学級に在籍することが望ましいのではないかと思っている。

保護者と連携しながら解決する

　水鳥は、水面をスイと浮きながら、思い出したように頭を水に突っ込んで、えさ取りなんぞをしている。まことに優雅なものである。ところがのんびりとした水面上の様子とは違って、その脚は始終前後に間断なく動いている。
　水かきを止めれば、前へ進めなくなる水鳥の様子は、Ｕくんの日常のような気がする。Ｕくんの「克服」されたように見える日常は、彼の目に見えない必死の努力に支えられているのではないだろうか。年齢相応の課題や生活スキルを求められたときも「こなしている」ように見えるＵくんであるが、実際は精いっぱいの努力のもとにそれがなされている。支えているのは、特別支援学級の指導と、理解を助ける配慮、課題の負担の軽減など、さまざまであろう。担任の冷静な判断は、おそらく的を射ていて、保護者には見えていないこのような配慮がなくなれば、通常学級で同じような姿を見せることは難しい。
　では、Ｕくんの場合はどのように保護者と連携を取ってこの問題を解決するか。学校内の移行支援は段階を踏んで行うことをオススメする。

交流学級の活動を特別支援学級担任が支援する

　なかなか気が進まない交流学級での活動であるが、特別支援学級担任が同行することで、いろいろな活動に自信をもってできることが増えていくように支援する。交流学級は、特別支援学級で身につけたことを試す場だとＵくんに伝える。ただし、特別支援学級担任の交流学級での支援のタイミングには十分に気をつけたい。

 保護者へ課題を具体的に伝え、接点をもつ

　保護者に、特別支援学級での目標達成と交流学級での課題について、連絡をしてほしい。抽象的な話（「Ｕくんも頑張っていますよ」「みんなといい関係ができてきていますね」）では、うまく伝わらない。そうではなく、「漢字の書き取りが、〇個できます」「算数は課題を減らして確実に取り組めるようにしています」といった具体的なエピソードがよい。

　その際に、実際にＵくんが書いたノートやプリントなどを、見せてもいいだろう。そこから保護者と歩み寄れる部分を探そう。早急な措置替えはマイナスの影響を及ぼす場合が少なくない。まずは、学校内での移行支援をゆるやかに進めてはどうだろうか。

 子どもの今は、保護者には見えない努力に支えられていることをしっかりと伝えよう。措置替えは冷静に判断したい。

17 本当に必要な支援を考える
保護者との障害認識に差があるとき

Q 保護者が障害受容をできていないようで、どのように接していけばよいか悩んでいます。

　特別支援学級の担任です。4年生まで通常学級で過ごしたVくんは不注意傾向が強く、5年生で措置替えをして、私が担任になりました。Vくんの特性に合わせた支援を行おうと決意し、母親との顔合わせで、「個性に合わせて指導をしていきます」とあいさつしたところ、「いきなりこんなことを言うのもなんなのですが、家庭では甘やかさず育ててきました。支援級でも甘やかさず、大人の指示には従わせるようにしてほしいです。『個性』ってしちゃうと、それだけでハードルが下がりそうで……」と言われました。子どもの実態に合った教育を求めて特別支援学級に来たものと思っていた私にとって、意外でした。

今回のケースの背景

　Ｖくんの母親は、一人息子がまだ幼いころ、不仲だった義理の母から放たれた「納税できる大人に育てて、初めてあなたは一人前の親」という言葉が今でも頭から離れない。もともときっちりとした性格の母親は、Ｖくんに、勉強はもちろん、衣食住など生活面もきっちり行うよう、常に近くで言葉をかけ続けてきた。
　しかし、中学年になると、Ｖくんの父親や担任から「通常学級ではなく、本人のペースで勉強できるようにしよう」という説得が始まり、今回の措置替えに至ったという。母親からは「じゃあ、私が必死になって費やしてきた、何千という時間はどうなるの？」「ハードルを下げるのは簡単だけど、下げたら上げられない。責任とれる？」という言葉もあったという。

不用意な発言をせず、必要な支援を確認する

　ともすると、教師はＶくんの母親のような保護者に対して、「まだ障害の受容ができていない」と考えてしまう。そして子どもの今を認めてもらおうと「学校ではこんなイイ姿もありますよ」「たくさんほめてください」と声をかける。
　しかし、保護者にこのようなひと言をサッとかけてしまうことには慎重になりたい。先ほどの発言を例に出せば、「高望みせずに、ありのままの子どもを認めてくださいよ」と伝わってしまうこともあるからだ。そうなると、担任が知らぬ間に、関係づくりがシャットダウンすることになりかねない。
　では、進級を期に措置替えをした児童の保護者への対応はどうすればいいのだろうか。これまでの説明と矛盾するようだが、基本的には「いいスタートをきり、学校でうまくやっている」ことを伝え、理解してもらうことが一番である。
　ただ、一方的に伝えるだけでは失敗する可能性も高い。ここに至るまでに何度も何度も「重要な選択や決断」を経験してきた保護者だからこそ、まずはその子育ての歴史を尊重する姿勢が必要である。保護者への要望や自分の方針を伝えるのをぐっとこらえて、次のページのようなことを確認したい。

Point　保護者の願いの確認

　保護者が我が子に対して将来のプランをもつのは当然であり、それに影響を与えた過去の歴史も唯一無二のものである。「こんな大人になってほしい」という願いがあるはずなので確認しよう。ただ、「本音は話せない」と考えている保護者には、無理に詮索せず、日ごろの発言・態度から少しずつ探りたい。

Point　現在の保護者と子どもの生活状況の確認

　思春期にさしかかる高学年あたりには、子どもへの関わり方を変えざるを得ない状況も起こりやすい（特に親子関係が異性の場合）。そこに措置替えが絡めばなおさらだろう。右ページの「実態把握シート」を用いて、「今、家庭で頑張っていることと、そのときの様子」などを聞き取り、子ども本人と家族の状況を1日の生活の流れから理解したい。

Point　保護者と子ども自身の願いの確認

　高学年になって経験・学習することは、保護者が掲げる高いハードルの通過点である場合も多い。過度に保護者の考えに迎合する必要はないが、保護者の願いや将来の見通し、抱えている悩みなどを教師が理解したうえで学校での子どもの姿を伝えたい。
　その際、子ども自身の願いや悩みなどを尊重して伝えることで、自立に向けた思春期の親子関係を支えていくことが大切である。

A 教師の思いを一方的に伝えるのはNG。子どもを支援していくためにも、保護者の願いや今の子どもの状況の理解が欠かせない。

▼ 実態把握シート

【担任確認用】

家庭生活の状況に関する実態把握

記入者（　　　　　　　）
記入日（　　年　　月　　日）

☐ 子どもに対する保護者の願い（10年後、5年後、1年後……）
-
-
-

☐ 子ども・保護者の生活実態の確認

6時　8時　10時　12時　14時　16時　18時　20時　22時　24時

大変な時間帯や活動
-
-

大変ではない時間帯や活動
-
-

☐ その他（家族で頑張っていること、関わりが深い知人の存在など）
-
-

※個人情報の管理は管理職に確認を行い、徹底すること

18 進級・進学後の支援を考える
措置替え後うまくいっていないとき

　中学進学を機に措置替えをした生徒の様子が心配です。

　中学1年生の担任です。Wくんは、小学校では知的障害の特別支援学級に在籍していて、高校入学に向けて中学校から通常学級への措置替えを保護者が強く希望したということです。

　クラスの中では特に目立った行動はなく、落ち着いています。私の授業（国語）は、できるだけ個別に関わる時間を取るようにしています。ただ、「ほかに問題を抱えた子がたくさんいるので、障害があるからといって、彼だけを中心にした対応はできない」と言う教師（教科担任）もいます。保護者は、学力低下を心配して、Wくんをほぼ毎日塾に通わせ、睡眠時間を削って勉強させているそうで、最近、クラスでのWくんは元気がありません。

子どもと保護者の中1ギャップ

　中学校では小学校より学校の規模が大きくなり、友人関係だけでなく、先輩・後輩といった上下関係も生まれる。また学習内容のレベルが上がり、家庭学習の時間も増える。加えて進路選択を控え、競争が強まり序列が顕在化する。その中で「一人ひとりに合った個々の特性を認め、それに合った教育」「排除や差別を認めない包括的教育（インクルーシブ教育）」といった理念をもち、特別支援教育を実施することは容易ではない。

　通常学級に在籍しているＷくんの場合、この大きな環境変化は障害による「困難さ」を増大・拡大させるかもしれない。適切な対応がなされない場合、生徒が自己否定や被害の感情、さらには人間に対する不信感を募らせて、「二次障害」といわれる困難さが加わり、不登校となった例を聞くことも少なくない。このような「中1ギャップ」は、発達に課題のある生徒の場合、さらに大きい。

　中1ギャップは、保護者にも生じる。小学校で築いた学校との信頼関係がなくなり、新たな関係を築かなくてはならない。本来であれば、小学校から中学校への引き継ぎをスムーズにするための、本人、保護者、小学校担任と話し合いができるようなしくみをつくるべきであるが、激務といわれる両校の教師間にそのような時間はなさそうである。

進学前の保護者の不安と進学後に問題になること

　中学校の通常学級、中学校の特別支援学級、特別支援学校高等部、高等学校に、それぞれ子どもを通わせる保護者に話を聞いてみた。

　中学進学に当たっての保護者の不安は、「理解ある教師に担任になってほしい」「たった一人の担任に理解してもらうのも大変だったのに、すべての教科の先生に理解してもらえるのか」など、子ども理解に関する内容が多くを占めていた。その次に、通常学級の勉強や生活についていけるか、特別支援学級と通常学級の学習内容が違うことなど、学校生活についての不安があげられた。

153

また、中学進学後に問題となったことを聞いてみると、ダントツで「友人関係」がトップであった。「学校・教師の理解」「卒業後の進路」「個別の配慮」が続き、友人関係に起因する「不登校」も話題になった。
　中学校教師の方には誠に申し上げにくいが、ほとんどの保護者が中学校の印象を「よくない」「失望した」とし、「うちの子どもにとって中学校時代は氷河期だった」と表現した方もいた。

 保護者の不安や相談を受け止める相談体制をつくる

　保護者からは「学校からの呼び出しにいつも肩身が狭い思いをしていた」「学校との話し合いはいつも学校での問題を解決するためだけの場で、保護者の相談を聞いてくれる場ではなかった」といった発言もあった。
　今の不安をしっかりと聞いてくれる人がいると、進学の不安も少なくなり、無理して勉強させるようなことはなくなる。

学習困難に陥っている子への実現可能な解決策を探る

　話をWくんのケースに戻そう。担任は、保護者にWくんの学校での様子を話し、自分のペースで学習を続けられる環境（通級による指導・特別支援学級）についても説明してみたのだが、聞く耳をもってはもらえなかった。
　とはいえ、クラスの中で「お客様」状態のWくんに対して、「そのうち保護者も気づくだろう」という日和見的な態度でいては問題をさらに悪化させる。塾で疲労困ぱいし、学校の授業にもついていけないWくんは、学校に行きたくないと言いだす可能性が高い。
　保護者に将来のための用意というより、現在の困り感を解消することが必要なこと、そのために今、何が必要なのかを理解してもらうために、次のような対応で連携していきたい。

周りの人が障害や子どもを理解する機会を設ける

　障害のない子どもへの障害理解を進めるためにも、まずは教師の障害理解が必要である。教師の無理解から同級生のいじめが始まる可能性もあることを自覚しておきたい。また、ほかの保護者の無理解も、誤解を生む原因になる。ほかの保護者の不用意な発言が、子どもに影響を与えることは当然であろう。

 教職員間の理解を促し、適切な支援を保障する

　個別の配慮を心がけ、ほかの教師にも適切な支援を要請したい。例えば、具体的な指導法・声かけのしかたをまとめ、配布することや、「できないことを責めるのではなく、できる部分を認める」などの特別支援教育で基本とされる対応方法を共有する必要があるだろう。
　また、特別な配慮が必要な子どもの場合、提出物の期限を把握していないことも多いため、事前に保護者に知らせるのも望ましい。

 進路について情報提供を行う

　進学に際して、特別な配慮が必要な生徒には、特に丁寧に進路相談を行い、本人に合った学校探しを手伝う必要がある。保護者が気軽に選択できる、多様な情報を提供しよう。先輩保護者から経験談を聞く機会や、近隣の学校の特別支援教育の推進状況がわかる資料を見る場をつくるのもよいだろう。

 学習意欲低下や登校しぶりといった状況を招かないためにも、Ｗくんの措置替えを保護者に提案してみよう。Ｗくんが保護者に自分の気持ちを言えるように支えることが担任の役目である。

19 ピンチにもチャンスにもなり得る
保護者主催の懇親会に誘われたとき

Q 保護者主催の懇親会に、参加してもよいものか悩んでいます。

　初任教師です。今月、運動会のあとに保護者との懇親会があるとクラス役員の保護者から言われました。聞けば毎年開かれていて、学校も公認の行事になっているとのこと。お酒の場は避けることが普通だと思っていた私は、少々面食らってしまいました。私自身はある程度お酒も飲めるので大丈夫だと思うのですが、もし二次会があったときには参加していいものなのかなど、わからないことばかりです。いい機会だと思って、特に構えずに楽しく参加してきたほうがよいのでしょうか？

地域や学校の文化に合わせて考えよう

　まず、「何も考えずに楽しく参加する」という考えはやめたほうがいい。思わぬ失敗によって、担任としての信頼・信用を一気に失うからである。ただ、こうした「みんなで一つの輪になる」という機会は、「子ども」という同じ話題を共有しつつも、どこか距離を感じる保護者との関係を良好なものとする絶好のチャンスであることも確かである。

　自治体によって実情は異なるが、教師が保護者と飲食をともにする機会には次のようなものがあげられる。

①行事の打ち上げ
②PTA懇親会
③学級や学校で慣例となっている定期的な懇親会
④謝恩会
⑤特定の保護者からの相談の延長
⑥偶然飲食店で出くわして

　個人情報の流出や関係性悪化のリスクがとても大きいため⑤と⑥の状況は避けたい。それ以外については、管理職への報告や相談も含めて、可能であれば年度初めに予定を確認しておき、日ごろの教育活動とセットで年間予定に加えておこう。基本的には、例年その学校でどうしてきたのかに合わせるのがよいだろうが、参加することが決まったら、次の点を確認しておくとよい。

Point　席を立つ時間を決めておく

　今回のケースのように、毎年恒例の行事として行われる場合もあるため、お酒の苦手な教師や飲み会の席があまり好きではないという教師にとっては気が重い

かもしれない。また、お酒を交えての会は、予定の時間がだらだらと伸びる場合もある。そうした事態に陥らないために、会が始まる前に、「一次会しか参加できないのですが」などとお伝えし、退席の時間を決めておきたい。

また、お酒が飲めるという場合も、二次会は一次会のときよりも緊張が解けて、いろいろな失敗を起こしやすいので、原則、参加を控えたい。

子どもの情報はどこまで話すか考えておく

日ごろ話せないことを話せるのが、懇親会の一番の利点である。ただ、不用意な発言を不意にしてしまうこともある。「聞かれたら全部答えないと……」と思うかもしれないが、基本的には「個人」の話は控え、「クラス全体」のプラスの面を中心に保護者とやりとりしたい。また、そうした話題に対応できるよう、会の前には、成長・育ち・学びに関わるクラスの最近の様子を整理しておきたい。

ナイーブな問題への回答は避ける

いじめなどの対人関係、児童の気になる行動などについての相談は、複数の保護者に関わる問題ということもあり、原則その場での対応は避けたい。「心配なところを教えていただいてありがとうございました。ただ、この場ではきちんとお伝えできないかもしれません。クラスにとってもとても大事なことですので、別の日に学校でお聞かせ願えますでしょうか……」などと、断りを入れる勇気も必要である。

緊張を解いて、楽しく過ごしたい場面ではあるが、保護者は懇親会が終わり、冷静になってから教師の評価を行うだろう。その場にふさわしい服装、食事のマナー、保護者や子どもの名前の呼び方（氏名を忘れることは論外）、個人情報の取り扱いなどにも気をつけたい。

特別支援教育のキーワード

通常学級に在籍しながら支援を受ける 通級による指導

通常学級に在籍する学習や生活の中での困難を抱えている子に、個別指導などを行う。各教科等の授業や給食など、ほとんどの時間を通常学級で過ごし、週／月に何時間か（年間10〜280単位時間）通級による指導の教室に通い、その子のニーズに合わせた特別の指導を受ける。

通級に通う子どもを支える 個別の指導計画

子ども一人ひとりの障害の状況などに応じたきめ細やかな指導を行うために、学校が作成する指導計画のことであり、通級指導を受けている子ども全員に作成する必要がある。

作成に当たっては、担任が一人で考えるのではなく、ほかの教師や保護者と話し合って実態を把握し、指導目標や指導計画・指導内容を考え、支援者同士で指導の方針を共有する。

障害の有無が判別しにくい 外国にルーツのある子への支援

外国にルーツのある子の中には、「日本語が理解できないため、障害があるかどうかの見分けが難しいケース」もあるとされる。子どもの置かれている状況を正確に把握するためにも家庭との連携が不可欠であり、場合によってはその国の文化や言語に詳しい関係者に協力を求めることもある。

〈参考文献〉
- TOSS相模原、大場寿子『保護者を味方にするアプローチ１００』明治図書出版（2006）
- 永野典詞、岸本元気『保育士・幼稚園教諭のための保護者支援　保育ソーシャルワークで学ぶ相談支援（新版）』風鳴舎（2016）
- 河村茂雄『教師のための失敗しない保護者対応の鉄則』学陽書房（2007）
- 城ヶ﨑滋雄『保護者と「ぶつからない」「味方をつくる」対応術！』学陽書房（2016）
- 多賀一郎、大野睦仁『THE 保護者対応－小学校編－』明治図書出版（2015）
- 多賀一郎『大学では教えてくれない信頼される保護者対応』明治図書出版（2017）
- 久保山茂樹『子どものありのままの姿を保護者とどうわかりあうか』学事出版（2014）

◎著者プロフィール

七木田 敦(ななきだ あつし)
広島大学大学院
教育学研究科教授

主なテーマは、障害のある幼児の保育、特別支援教育、子育て支援など。著書に『特別支援教育のプロが通常学級の気になる子の「困った」を解決します！』（学研プラス）などがある。

真鍋 健(まなべ けん)
千葉大学教育学部
特別支援教育教員養成課程准教授

主なテーマは、就学移行支援、遊びの指導、家庭生活や保育における障害児の参加・発達支援など。

小学校教師のための
気になる子の保護者対応

2019年3月26日　第1刷発行

著　　者	七木田 敦　真鍋 健	
発 行 人	甲原 洋	
編 集 人	木村友一	
企画編集	富田愛理　東郷美和	
デザイン	江副和弘	
イラスト	松本麻希	
発 行 所	株式会社　学研教育みらい	
	〒141-8416　東京都品川区西五反田2-11-8	
発 売 元	株式会社　学研プラス	
	〒141-8415　東京都品川区西五反田2-11-8	
印 刷 所	大日本印刷株式会社	

この本に関する各種お問い合わせ先
●本の内容については　Tel 03-6431-1576（編集部直通）
●在庫については　　　Tel 03-6431-1250（販売部直通）
●不良品（落丁、乱丁）については　Tel 0570-000577
　学研業務センター
　〒354-0045　埼玉県入間郡三芳町上富279-1
●上記以外のお問い合わせは　Tel 03-6431-1002（学研お客様センター）

© 七木田 敦　真鍋 健 2019 Printed in Japan

本書の無断転載、複製、複写（コピー）、翻訳を禁じます。
本書を代行業者等の第三者に依頼してスキャンやデジタル化することは、たとえ個人や家庭内の利用であっても、著作権法上、認められておりません。

複写（コピー）をご希望の場合は、下記までご連絡ください。
日本複製権センター　https://jrrc.or.jp　E-mail : jrrc_info@jrrc.or.jp
R＜日本複製権センター委託出版物＞

学研の書籍・雑誌についての新刊情報・詳細情報は、下記をご覧ください。
学研出版サイト　http://hon.gakken.jp/